〈シリーズ監修〉二村 健

ベーシック司書講座・図書館の基礎と展望 7

児童サービス論

望月 道浩
平井 歩実 〈編著〉

学文社

〈ベーシック司書講座・図書館の基礎と展望〉　緒　言

　本シリーズは，新しい司書課程に照準を合わせて編纂した。周知のように，平成20年6月11日，図書館法が改正，ただちに施行された。そのなかで，第5条だけが平成22年4月1日の施行となった。当然，22年から新しい司書課程を出発させなければならないと考え，諸準備に没頭した。しかし，実際に蓋を開けてみると，さらに2年先送りされ，全国的な実施は平成24年からとされたのである。私の所属する大学では，すでにさまざまな準備に着手していたので，旧法の下で，新しいカリキュラムを実施することを選んだ。つまり，全国より2年先駆けて司書課程を改訂したのである。

　もちろん，そのためのテキストはどこにもなく，最初の授業は板書とプリントでおこなった。このシリーズの各巻には，実際に授業をおこなった試行錯誤が反映されている。授業の羅針盤は，図書館界に入った多くの卒業生の存在である。この実績が私たちの支えである。

　この間，これからの図書館の在り方検討協力者会議では，議論の末，司書課程の位置づけが変わった。これまでの司書課程は，現職の図書館員に資格を与えることを目的に，司書講習で講述される内容と相当な科目を開設している大学で，司書資格を与えることができるとされていた。新しい司書課程の位置づけは，図書館員としての長い職業人生（キャリア・パス）の入り口を形成するというものである。大学生は社会人未満である。社会人である現職図書館員との違いをどこにおくか，これが新しい司書課程の核心である。

　その違いをシリーズ名に表したつもりである。これからの司書課程では，キャリア・パスの入り口を形成するための基礎・基本の講述が重要である。何よりも図書館の意義を理解し，図書館を好きになってもらわなければならない。その後に，図書館員としての長い職業人生が待っている。そして，それに向けての展望がなければならない。以下に本シリーズの特徴を記す。

- ●内容の厳選：これまでの司書課程の教科書は，現職者向けという性格上仕方がなかったが，とにかく内容が高度であり，詰め込みすぎた観がある。それを，3月まで高校生であった新入生にもわかりやすい内容にまとめることをめざした。そのため，できるかぎり，内容を厳選する必要があった。どれも大事に思えたなかで，何を削ぎ落とすかで非常に悩んだ。新しい研究成果を取り込むのは当然としても，これに振り回されて総花的になることは避けたかった。普遍性のあるものは，古いものでも残すことにし，温故知新を大事に考えた。
- ●1回の授業＝1章：最近の大学では授業を15回きちんとおこなうことが徹底されている。そこで，本シリーズも15章立てにし，1回の授業で取り上げる内容を1章に記すことにした。実際の授業は，受講者の反応をみては重要なポイントを繰り返して説明したり，ときには冗談を言ったりしながら進む。90分間で講述できることは思った以上に少ない。参考になったのが，放送大学のビデオ教材を制作したことである。本シリーズでは，放送大学の教科書よりは，

さらに文字数を少なめに設定した。その分，担当教員の工夫次第で，確認小テストをしたり，ビデオや写真などを利用して授業が進められるよう，余裕をもたせた。

● 将来を見据えた展望：多くの大学では，15回目の授業を試験に当てることがおこなわれている。そこで，各巻の最後の章は，その分野の展望を記すことにした。展望とは，今後どうなっていくかの見通しである。あるいは，未来予測に属することが含まれ，予測ははずれることもあるかもしれないが，できるだけ新しい話題を盛り込んだつもりである。シリーズ名の意図をはっきりさせるためでもある。

● わかりやすい図表：直感的にわかるように，図表を豊富にいれることを各執筆者にお願いした。図表も大きく見やすく掲載できるように，判型も通常の教科書に多いA5判ではなくB5判を採用した。

● 豊富な資料：実際の授業では，教科書のほかに，教員がプリントを配布したり，パワーポイントのスライドで補足したりと，さまざまである。教科書といいながら，『図書館法』の全文すら資料として掲載していないものがあるのは，どこか違うと思っていた。そこで，できるだけ，教員がプリントを作らなくてもすむように，資料集を充実させることに努めた。

● 参考文献：これからの司書課程は，図書館員としてのキャリア・パスの入り口を形成するものである。平成20年の図書館法改正で明記されたが，図書館員になっても，研修会に参加するなど，各自の務めとして研鑽を積む必要がある。内容を精選した分を，参考文献を読んでいただくことによって，補えるように配慮した。参考文献は入手可能という点を第一に考えた。

● 自宅学習のための設問：90分の授業に30分の自宅学習，併せて2時間が1コマの学習である。そのため，各章ごとに設問を2問程度用意した。このことにより，通信教育の学生にも利用していただけると思う。

　本シリーズは，文部科学省令に規定された全ての科目を網羅するものではない。不足の部分は，他の専門家の学識に委ねたい。不完全ながらも，本シリーズが日の目を見ることができ，シリーズ各巻の執筆者に深甚なる謝意を表する。このシリーズがわが国の司書養成に役立つことを願うのみである。

　　　　　　　平成23年6月6日

　　　　　　　　　　　　　　　　　　　　　　　　　　二村　健

第7巻 『児童サービス論』 巻頭言

　本書は,「図書館に関する科目」の必修科目（11科目）のなかで,＜図書館サービスに関する科目（4科目）＞の区分に位置づく「児童サービス論」（2単位）科目のためのテキストである。

　子どもと読書をめぐる昨今の状況を鑑みれば, 2014（平成26）年6月27日には,「学校図書館法の一部を改正する法律」が公布され学校司書が法制化された。これは, 公立図書館であっても学校図書館であっても, 相互に連絡・協力が求められることから「児童サービス」担当者として把握しておくべき重要な法改正の1つである。また, 全面的な改正となった「少年院法」（同年6月11日公布）では,「書籍等の閲覧」（いわゆる読書）についてうたわれることとなった。これまで法的根拠のなかった読書環境の条文が同法に設けられたことは, 子どもの読書環境をめぐる種々の取り組みの文脈でながめると興味深い。図書館法にうたわれるように, 図書館が学校教育を援助し家庭教育の向上に資するためには, 図書館として子どもの学びにいかに寄り添うことができるかにある。子どもの学びにコミットメントする図書館員の姿勢が問われているといえよう。そこには,'保育・教育のまなざし'をもちながら子どもの成長・発達に寄り添う「児童サービス」による支援がより一層求められている。本書がその一助となれば幸いである。

　本書の執筆にあたって, 執筆者各位には, 早々に原稿を仕上げていただいたにもかかわらず刊行が遅れたこと, ならびに, 紙幅の関係上, 内容を精選するために当初執筆いただいた原稿から大幅な削減をお願いせざるをえなかったことをお詫びしたい。本書で学ぶ学生の皆さんは, キャリア・パスの入り口としての認識に立ちながら, 本書の背後にある「児童サービス」にかかわる多様な課題や展望の探究にも努めてもらいたい。

　最後に, 本書の刊行にあたって, 共編著者の平井歩実先生には, 章構成や分担執筆の変更にも柔軟かつ的確に対応くださり不慣れな小生をサポートくださったことに御礼申し上げたい。また, たえず出版社と連絡を取り, 編集者や執筆者各位への個別の連絡調整をはじめとした細やかな配慮と本書にたずさわる機会をくださった監修者である二村健先生に心より感謝申し上げたい。

　そしてなにより, 当初の出版予定期限を大幅に過ぎながらも, よりよいテキストの刊行へ向けて, 企画段階より私たちの執筆・編集の仕事を励ましていただいた学文社の二村和樹氏に記して感謝申し上げたい。

2015年1月24日
望月　道浩

目　次

シリーズ緒言　1
第7巻『児童サービス論』巻頭言　3

第1章　子どもにとっての読書の意義と図書館 …………………………6
1．読書推進と児童サービス（6）　2．子どもにとってことばと読書（7）
3．ことばから読書へ（7）　4．受動的な読書から自立した読書へ（10）

第2章　児童・ヤングアダルトサービスの意義 …………………………12
1．児童・YAサービスの考え方（12）　2．児童・YAサービスの歴史（13）
3．児童・YA　サービスの意義（16）

第3章　読書の発達段階と資料 ……………………………………………18
1．発達と発達段階（18）　2．読書能力の発達段階（19）　3．読書興味の発達段階（21）
4．読書の発達を促す児童資料（23）

第4章　乳幼児サービス ……………………………………………………26
1．ブックスタート（26）　2．地方自治体とブックスタート（27）
3．さらなる乳幼児サービスの展開（29）

第5章　読み聞かせ・ストーリーテリングの意義と資料およびその実際 …32
1．読み聞かせ（32）　2．読み聞かせの実際（34）　3．ストーリーテリング（35）
4．ストーリーテリングの練習（37）

第6章　本の紹介（ブックトーク）の効果と実演 ………………………40
1．ブックトークとは（40）　2．ブックトークの計画（40）　3．ブックトークの実際（42）

第7章　特別な支援が必要な児童へのサービス …………………………46
1．図書館利用の障害とは（46）　2．児童サービスはすべての児童のために（47）
3．児童の読書特性に応じたさまざまなバリアフリー資料（49）

第8章　日本におけるヤングアダルトサービスの現状と課題 …………52
1．YAサービスの方法（52）　2．YAサービスの実際（53）
3．YAサービスの課題と展望（56）

第9章　さまざまな児童・ヤングアダルトサービスの取り組み ………58
1．児童・YAサービスの取り組みと考え方（58）　2．児童・YAサービスの
具体的な取り組み（58）　3．新たな試み（ビブリオバトル）（61）

第10章　学校・学校図書館との協働および家庭・地域との連携 ………64
1．関係機関との連携の必要性（64）　2．公共図書館における学校・学校図書館との連携
（64）　3．子ども文庫との連携・協力（68）　4．図書ボランティアとの連携・協力（68）

第11章　読書世論調査にみる児童・ヤングアダルトの読書の実態 ……70
1．読書調査（70）　2．児童における実態（71）　3．YAの読書実態調査（74）

第12章　児童・ヤングアダルトへのレファレンスサービス ……………78
1．児童・YAサービスとしてのレファレンスサービス（78）　2．児童へのレファレンス
サービスのあり方（78）　3．YAへのレファレンスサービスのあり方（80）

第13章　児童サービスにかかわる法と施策 …………………………………84
　1.子どもの読書活動の推進に関する法律　(84)　2.文字・活字文化振興法　(86)
　3.国の「子ども読書活動推進基本計画（第二次）」の成果　(87)
　4.地方の主要な読書振興計画　(88)　5.読書振興計画の評価　(89)

第14章　児童サービスにかかわる施設・設備 …………………………………92
　1.児童図書館に求められるスペース　(92)　2.書　架　(93)　3.机と椅子　(94)
　4.おはなしのへや　(95)　5.そのほか配慮すべきこと　(96)

第15章　展　望 ……………………………………………………………………98
　1.子どもの読書をとりまく社会環境の変化　(98)　2.子どもの読書とティーンズコーナー
　(99)　3.これからの児童サービス・YAサービス　(100)

巻末資料 ……………………………………………………………………………104
　1.子どもの読書活動の推進に関する法律　(104)　2.文字・活字文化振興法　(105)
　3.児童図書館員養成専門講座募集要項（抄）　(106)
　4.IFLAヤングアダルトサービス10の基本原則（概要）　(106)
　5.「読み聞かせ記録シート」　(107)
　6.読み聞かせ用「選書のための確認シート」　(108)
　7.「読み聞かせ練習評価シート」　(109)
　8.「読み聞かせ準備シート」　(110)
　9.読み聞かせ用「実演前の確認シート」（110）
　10.「ストーリーテリング記録シート」（111）
　11.ストーリーテリング用「選書のための確認シート」　(111)
　12.「ストーリーテリング準備シート」（112）
　13.「ブックトーク準備シート」　(113)
　14.学校読書調査：5月1か月間に読んだ本　(114)
　15.ヤングアダルト資料の選書方針・選書基準の例　(118)
　16.ビブリオバトルの公式ルール　(119)
　17.公共図書館作成のビブリオバトルのチラシ　(120)

　索　引 ………………………………………………………………………121

子どもにとっての読書の意義と図書館

　本書『児童サービス論』は，図書館でおこなわれるさまざまな児童サービスについて，それぞれに章をもうけて個々に詳しく述べていく。本章は，これらのサービスの根幹となる，子どもにとっての読書とは何かについて考察するための章とする。

第1節　読書推進と児童サービス

　子どもにとって読書が大切であるという考えは，古くは，児童文学作家であり，鹿児島県立図書館長でもあった椋鳩十（むくはとじゅう）（1905-1987，本名＝久保田彦穂（ひこほ））が，1960（昭和35）年から推進した「母と子の20分間読書」1) 運動によって全国に広がっていったといえるであろう。

表1-1　市立図書館における重点目標

(1)市民の求める図書を自由に気軽に貸出すこと
(2)児童の読書要求にこたえ，徹底して児童サービスすること
(3)あらゆる人々に図書を貸出し，図書館を市民の身近に置くために，全域へサービス網をはりめぐらすこと

出典：『市民の図書館』日本図書館協会，1970年，pp.34-35

　子どもは未来の大人の図書館利用者である。わが国の公共図書館サービスを発展させる契機となった1963（昭和38）年の『中小都市における公共図書館の運営』（中小レポート）では，「児童・青少年の読書習慣をつけることは非常に大切なことであり，その機会を与えることは成人の責任であり，社会の機能の一つでもある」2) と述べている。また，1970（昭和45）年の『市民の図書館』では，3つの重点目標の1つに掲げられている（表1-1）。以来，児童サービスは公共図書館の重要なサービスとして認識されるようになった。

　現在では，「ブックスタート」「読み聞かせ」「ストーリーテリング」「ブックトーク」が子どもと本を結びつけるための主要な活動として，多くの公共図書館で実施されている。これらのなかには公共図書館のみならず，学校／学校図書館，幼稚園，保育所，学童保育施設，児童館といった場所でおこなわれているものもある。

　21世紀に入り，これら子どもの読書にかかわるさまざまなサービスがますます盛んになってきた背景には，2001（平成13）年に「子どもの読書活動の推進に関する法律」（巻末資料1），2005（平成17）年に「文字・活字文化振興法」（巻末資料2）という2つの読書に関する法律が制定され，読書推進のための環境を整えようと努めてきたことも関係している。

　さらに，図書館から始まったものではないが，2010（平成22）年ごろから全国的に広がり，注目を集めている「ビブリオバトル」も，読書推進という観点からみることは可能である3)。図書館がこのイベントを開催することも多くなってきた。レジュメや資料に頼らず，ことばだけで本を紹介するという方法は，プレゼンテーションの手段としては先祖返りともいえるが，先に掲げた「ストーリーテリング」と共通する効果があると考えられる。

第2節　子どもにとってのことばと読書

　生まれたばかりの子どもは「ことば」を話すことはできないし，いうまでもなく，「文字」を読んだり書いたりすることもできない。「ことば」や「文字」は私たちが生まれたあとに覚える後天的に身につける能力である。したがって，その子どもが生活する環境によって身につける「ことば」や「文字」は異なる。

　子どもは，生まれ育った土地の方言を話すようになるし，日本で育てば日本語，外国ではその国の「国語」を話すようになる。「文字」は，それぞれの「ことば」に対応して表記されることにより，「ことば」に対応した意味をもつ。子どもは，文字を「ことば」を表す記号として「学習して」身につける。次第に，文字は単語を表すだけではなく，思考や感情を表現するための手段としても使われるようになる。さらに，その文章には，「話しことば」をそのまま文字におき換える表現だけではなく，別途，「書きことば」が存在する。これらの文章表現もまた，子どもは「学習して」身につけてゆくのである。

　「読書」は，辞書的な意味では「書物をよむこと」（『国語大辞典』小学館）だが，実際には，自分とは異なる人物が書いた文章から，他者の思考や感情を読み取ったり，自分の知る環境以外の時間や空間を知り得たりといった，さらに広い作用をもっている。読書によって，読者は自分とは異なる思考や感情，異なる世界に触れることになり，そこから新たな考察や感動，興味や関心を自分自身のなかに呼び起こすことにつながるのである。

　「子どもの読書活動の推進に関する法律」は，第二条（基本理念）で，読書の意義を「子どもが，言葉を学び，感性を磨き，表現力を高め，創造力を豊かなものに」する活動であると述べている。さらに「人生をより深く生きる力を身に付けていく上で欠くことのできないもの」としている。読書は精神的な活動であるから，この部分は，私たちが精神的により充実した一生を送るうえで必要不可欠なものと解釈してよいであろう。

　子どもにとっての読書は，充実した精神生活を始めるためのスタート地点なのである。

第3節　ことばから読書へ

a.「ことば」の獲得

　生まれたばかりの子どもが最初に「ことば」を意識するのは，身近にいる人間からの語りかけである（写真1-1）。目で見たものや，手で触れたものといった五官で感じたものと，耳から聞いた「音」がつながることによって，その「音」がなんらかの意味をもっていることに気づき，それが「ことば」として認識される。

　「ことば」をまだ話すことのできない乳幼児の身近にいる人間は，通常，さまざまなことばを話しかける。たとえば，「ママ」「パパ」「じいじ」「ばあば」といった呼び名で，「ワンワン」「ニャンニャン」「ブーブー」といった擬音語で，「イタイイタイ」「あちち」「ねんね」といった擬態語

で，つまり，「ことば」でどう表現するかを伝えようとする。仮に，犬を見たときに「ワンワン」ではなく，「これは『イヌ』だよ」と教えたとしても，乳幼児にとって，「ワンワン」＝「犬」とおきかえて認識するのは容易ではない。目にしたものと「ことば」とを結びつける過程では，乳幼児にとって擬音語・擬態語は重要な意味をもつ。

写真 1-1　乳幼児が音を認識するきっかけとなる絵本の例（松谷みよ子文『いないいないばあ』童心社）

乳幼児向けの絵本には，こういった周りの人間の語りかけをふまえた，普段目にするものや音，日常を題材にしたものが多い。食べ物，動物，植物，乗り物を絵で示し，それらを擬音語や擬態語，またはその呼び名と結びつけて表現することにより，「ことば」を認識できるようにつくられている（写真 1-2）。

乳幼児は，現実に目の前に犬や猫や自動車がなくても，実際に目にしたことがあり，それらを示す「ことば」を耳で聞いて認識できているため，絵本を見たとき，同じものを表していることを理解する。すなわち，想像力を働かせて追体験できる能力をもっているのである。視覚をよりどころとする絵本は，その意味で，

写真 1-2　乳幼児がことばを獲得するための絵本の例　左から平山和子作『くだもの』（福音館書店），まつおかたつひで作・絵『ぴょーん』（ポプラ社），安西水丸作『がたんごとんがたんごとん』（福音館書店）

乳幼児が自分の周りの世界と結びつけて「ことば」を学習していくうえで重要な役割を果たす。

b．耳からの読書

子どもは成長するにつれ，さまざまな単語としての「ことば」を獲得しつつ，文章を理解するようになっていく。

ひと世代前の両親や祖父母は，現在よりも，子どもを寝つかせるために「おはなし」を語って聞かせることを普通におこなっていた（英語では bedtime story という）。それは昔話や民話や，子どもが好む物語であった。眠る前に聞く「おはなし」は，耳から聞く物語である。子どもは視覚に頼ることなく，すでに獲得した「ことば」と文章の理解力を用い，想像力で自らのなかにその「おはなし」の情景を再現し，楽しむ力をもっている。

「むかしむかしあるところに……」で始まる昔話や民話は，現在とは異なる舞台設定がなされているにもかかわらず，子どもの想像力はそのちがいを乗り越えて物語の世界を楽しむことができる。たとえ主人公が人間ではなく，現実にはサルやカニやタヌキが人間のことばをしゃべるはずがないことをわかっていても，同様に想像力によってその非現実的な状況設定を理解し，楽しむことができる力をもっている。

図書館の児童サービスとしておこなわれるストーリーテリング（素話ともいう）は，ことばだけで語り聞かせるものであり，その点で，眠る前の「おはなし」に類似するものである。

耳から聞く物語は，絵という理解を助ける手段を用いないため，子どもにとっては，絵本を読

んでもらうよりもはるかに高度な想像力を必要とする。いいかえれば，ストーリーテリングは子どもの想像力をより高める効果をもつものであり，まさに「耳からの読書」ということができる。

c.「ことば」から文字の認識へ

　子どもは，文字が読めない段階でも，絵本を楽しんだり，ストーリーテリングを楽しんだりできるが，次の段階では，耳から聞いて学習した「ことば」や「おはなし」が，文字で表現されていることに気がつく。

　いつも見ていた絵本の絵には記号が書かれていて，それが耳から聞いていた「ことば」を示しているということに気づいたとき，また，耳からの読書を経験した子どもが，その内容が記号で書かれている本が存在するということを知ったときに，子どもは「文字」の存在を認識する。そして，いつも語りかけてくれていた大人の「ことば」や「おはなし」が，その本に書かれている記号を「読んで」いることにも気づく。

　そして，気に入った絵本に出会った子どもは，「読んで」といってその絵本を身近な大人のところへもってくるようになる。「読んで」というのは，自分ではそこに書かれている文字は読めないが，その記号が自分の大好きな「おはなし」（物語とは限らない。乗り物や動物・植物の図鑑の場合もある）を記述したものだということを理解しているからであり，漠然と文字の働きや意義を認識しているからである。また，絵本をもってくるという行動は，大人はその文字を読むことができることを知っており，読んでくれることを期待しているからこそなされるのである。

　身近で絵本を読んでもらえる環境にいる子どもは，気に入った絵本を何度も繰り返し読んでほしいというようになる。1回読み終えると「もう1回」，再度読み終えると「もう1回」と，飽きることを知らないように何度でも「もう1回読んで」と繰り返す。身近にいる子どもに読み聞かせをしたことのある人は，誰しも経験したことがあるであろう。たとえば，大人は，時としてものごとにのめり込むことがあるが，子どもは，それ以上に気に入ったものに強い興味・関心示す。こうした子どもは，耳からの読書を楽しみ，いつのまにか，読んでもらった内容を，読んでもらった文章のままに丸暗記するまでになる。そして，実際に文字は読めないにもかかわらず，あたかも自分が読めるかのようにページをめくりながら，そこに書かれた文章を読む振りをするようになる。この行動を「そら読み」[4]という。耳から聞いて覚えたおはなしと書かれた文章を同一視できるようになったがゆえの行動である。

　「そら読み」ができるまでになるには，繰り返し同じ絵本を読んでもらえるという経験が重要であり，これができるということは，耳から聞いて覚えたとはいえ，その本に書かれた「ことば」や文章を，自分の中に取り込んだことを意味する。そして，そこに書かれている文字を読むことができるようになれば，「読んで」もらわなくても，いつでも自分で読みたいときに「読める」ということに気づく。

　公共図書館や学校／学校図書館では，この一人ひとりの子どもに，その子が読んでほしいという同じ本を，何度でも繰り返し読むというところまではできない。子どもが気に入った絵本を気が済むまで読んでもらえるのは，家庭においてである。その点で，子どもが「ことば」を獲得し，

「文字」や文章表現を学習するうえで，家庭での読み聞かせが非常に重要な意味をもつのである。

第4節　受動的な読書から自立した読書へ

a. 自主的な読書と自立した読書

　正規の教育では，子どもは小学校において文字の学習を始めるが，実際には，それ以前，幼稚園や保育所に通っている時期に，すでにある程度の文字の読み書きはできるようになる（自分の名前ならば，漢字で書けるという子どもは多い）。

　このことは，大人に本を読んでもらわなくても，自分一人で読書（自主的な読書）ができるということを意味する。小学校に入るころにはほとんどの子どもが自主的に読書をおこなえる読書能力を身につけているといってよい（第3章）。かといって，読み聞かせが不要になったということではない。より多くの，そして，多様な分野の本を知り，楽しみ，読書習慣を身につけるうえで，読み聞かせはさまざまな本と出会うきっかけとして重要である[5]。さらに，ストーリーテリングは想像力を高めるという効果がある。いずれも，子どもが自分で読みたい本を選んで読む（自立した読書）ようになるまでに，必要なステップを提供する。

b. 図書館の役割

　小学生のころの子どもの読書量は大人に比べてはるかに多い。2014（平成26）年度の第60回学校読書調査によれば，小学校4年生から6年生の1カ月の平均読書冊数は11.4冊と過去最高であった[6]。2013年度の『出版年鑑』（出版ニュース社）によれば，児童書の平均単価は1292円であり，11.4冊をすべて家庭で購入するとなると，月に1万5000円ほどかかる計算になる。これだけの金額を本の購入費にあてることはどの家庭でも容易にできるものではない。公共図書館は数万から〜数十万冊の児童書を所蔵しており[7]，子どもの読書意欲を充足させる環境を整えている。自治体／教育委員会／学校／図書館は，各家庭がこの施設に目が向くようにもっとPRするべきである。

　読書習慣が身につくにつれ，子どもは自立した読書をするようになるが，小学校高学年くらいから子どもによって好む本の分野が顕著に多様化していく（第3章）。中学・高校と個性が確立するにつれこの傾向は強くなる。一律に同じ本を読み聞かせしても全員が興味を示すとは限らなくなる。一方で，好きなジャンルや作者，シリーズもののみを好むという傾向も出てくる。こうした傾向に対しては，読書興味の幅をひろげるための働きかけが重要となる。それには，図書館員がおこなう「ブックトーク」が非常に有効である。図書館が紹介する本のリストやテーマ展示に接し，自分がこれまで興味をもっていなかった本を読んでみようという気持ちをもつきっかけとなる（第9章で詳しくふれる「ビブリオバトル」も同様の効果をもち得る）。

　小学校低学年のときにはよく図書館を訪れた子どもが高学年になるにつれ，図書館で姿をみかけなくなるという（第10章）。中学生・高校生になるとさらに頻度が少なくなる傾向にある（第11章）。しかし，子どものころに読書習慣が身についていれば，一時期読書から離れることがあっ

たとしても，生涯にわたり読書を楽しみ，また，さまざまな知識や教養を身につけ，多様な視点から物事を深く考え評価し，創造性を発揮するため，いつでも図書館に戻ってこられる。公共図書館の児童サービスを学校図書館につないでもらってもよい（第10章）。

公共図書館は，単に子どものための資料を量的に揃えておくだけではなく，子どもの読書興味を発達させるため，幅広い分野の資料を揃え，そのための環境を整え，さまざまなサービスを用意し，いつでも子どもたちの来館を待っているのである（写真1-3）。

写真1-3　児童コーナーの豊富な資料　（宮崎市立図書館子ども図書館）

設問

(1) 子どもにとっての読書の意義を，900字程度で述べなさい。
(2) 子どもの読書環境を支えるうえでの図書館の役割について，900字程度で述べなさい。

参考文献
1. 美智子『橋をかける：子供時代の読書の思い出』すえもりブックス，1998年
2. アルベルト・マングェル著，原田範行訳，『読書の歴史：あるいは読者の歴史』（新装版）柏書房，2013年

注）
1) 椋鳩十『母と子の20分間読書』あすなろ書房，1961年，161p。同『母と子の20分間読書：おかあさんの問題の中から　続』あすなろ書房，1963年，167p。
2) 日本図書館協会『中小都市における公共図書館の運営』1963年，p.121。
3) ただし，ビブリオバトルを考案した人々は，当初，読書活動を推進する目的で始めたわけではないと主張している。詳しくは第9章を参照。
4) 「空読み」とは，本来，暗誦のことであるが（広辞苑），本章では，文字を読めない子どもが，読んでいる振りをする行動を表現するのに用いた。
5) 家庭での読み聞かせは，小学校高学年までおこなっていたとする場合，1カ月の間に読んだ本の数が4〜6冊である割合が，19.6%であり，高い相関関係を示している。日本経済研究所「保護者の支援が子どもの読書活動へ及ぼす影響」『親と子の読書活動に関する調査：報告書．平成16年度：平成16年度文部科学省委託事業図書館の情報拠点化に関する調査研究』日本経済研究所，2005年，p.54，http://www.mext.go.jp/a_menu/shougai/tosho/houkoku/05111601/001.pdf（'15.1.24現在参照可）。
6) 全国学校図書館協議会「第60回学校読書調査」『学校図書館』No.769，2014年11月，p.13。
7) 公共図書館の主要統計としてよく用いられる公益社団法人日本図書館協会の『日本の図書館　統計と名簿』は，2008年以降，児童書の所蔵冊数を分けて統計していない。しかし，同協会より出版されている児童図書館研究会編『年報こどもの図書館 2012年版』には，統計年度にバラツキがあるものの都道府県別に数値が記載されているので利用するとよい。

2 児童・ヤングアダルトサービスの意義

　公共図書館では，赤ちゃんからお年寄りまで，すべての年代をサービス対象とする。子ども相手だからこの程度でよいという発想ではなく，成人に対して通常おこなっているサービスを，いかに児童・ヤングアダルト（以下，YA）に適したかたちで提供するかという視点で理解する必要がある。本章では，歴史もふまえ，児童・YAサービスの意義を考える。

第1節　児童・YAサービスの考え方

a. 児童・YAサービスの範囲

　本科目の名称に用いられている「児童サービス」の対象は，いわゆる小学生を示す「児童」よりもはるかに広い。それには，図書館利用になんらかの障害があり，特別な支援を必要とする子ども（第7章で詳述）や矯正施設の子どもも含まれる。さらに，0歳以下と就学前の幼児およびその保護者を対象としたサービスもおこなわれている（第4章で詳述）。

　子どもの読書活動の推進に関する法律では，子どもの範囲を「おおむね十八歳以下」（第2条）としているが，これは児童福祉法などと同じ考え方である[1]。しかし，図書館の現場では，法律上の区分けで認識しているわけではない。「児童」は小学生，「YA」は中・高校生（大学生をも含む場合もある）と学校段階で区分けしているところもあれば，年齢で区分けしているところもある。「YA」については，米国[2]でもわが国[3]でも図書館によってさまざまな年齢設定がある[4]。

　児童・YAサービスが対象とする範囲はこれらすべてを包含し，したがって，担当者が身につけなければならない知識・技術も広範にわたる。

b. 児童・YAサービス担当者

　本来，図書館員であれば誰でも児童・YAサービスを担当できることが望ましいが，専門知識を修得した担当者の存在は欠かせない。2008（平成20）年時点（以降こうした調査はおこなわれていない）における児童サービス担当職員は，数の上では，平均各館1人いることになる（表2-1）。しかし，実際には，専任の担当者をおいていない（おけなくなった）ところが多い。

　YA担当を専任でおいているところはごく限られており（1992年調査で9館，2002年調査で10館），児童または成人サービスとの兼任であることが多い（同202館，同466館）。

表2-1　児童サービス担当職員数

	児童サービス担当職員数	図書館総数	平均職員数
都道府県立	111	62	1.8
市区立	2566	2433	1.1
町村立（広域を含む）	314	611	0.5
計	2991	3106	1.0

出典：日本図書館協会『日本の図書館：統計と名簿2008』p.25より抜粋して作成

① 児童・YAサービス担当者に求められること

　本が好きというだけでは図書館員として十分ではないのと同様，児童・YAサービス担当者は子どもが好きというだけでは務まらない。図書館員として一通りのサービスができることに加え，成人とは異なる子どもの特性・感性・発達段階（第3章で詳述）への理解，児童資料に関する幅広く体系的な知識，子どもとの対話力，企画力が必要である。そのうえで実践力が求められる。

　しゃがんで子どもと同じ高さに目線を合わせることがサービスの第一歩[5]とされるが，児童・YAの目線に立って考えることが不可欠である。自ら身体を動かすことも大切であり，子どもたちと一緒になってつくりあげる参加型のサービスは，ことにYAサービスにおいて有効である。

② 養成と研修

　司書課程で学んだだけで，児童・YA担当者としてすぐに通用するとは限らない。より専門的な知識や実践に役立つ技能を身につけるには，卒論や学位論文のテーマとして取り上げるとか，日本図書館協会が実施している児童図書館員養成専門講座（要項・カリキュラムを巻末資料3に掲載）などの研修・セミナーに参加し，ほかの担当者と交流して知識や経験を共有したりするなど，自ら研鑽を積む必要がある。

第2節　児童・YAサービスの歴史

　児童・YAサービスの意義を考察するうえで，これまでの歴史を振り返ってみることは非常に重要である。現在のサービスは多くの先人の取り組みの上に築かれてきたからである。

a. 児童サービスの歴史

　児童サービスの歴史には，「読書運動」「子ども文庫」「子ども（児童）図書館」「公共図書館の児童サービス」という4つの側面がある。ここではそれぞれを分けて概観する[6]。

① 読書運動

　「読書運動」は各家庭でおこなわれてきた読み聞かせを社会的な活動として展開したもので，1960（昭和35）年に鹿児島県立図書館長であった椋鳩十が「母と子の20分間読書」として図書館・公民館と協力して実施したことに始まる。この取り組みは，全国各地の親子読書推進団体に受け継がれ，現在では，多数の団体が存在する（日図協『図書館年鑑』に一覧がある）。これらの団体には公共図書館と連携して活動をおこなっているところも多い。

② 子ども文庫

　「子ども文庫」（「家庭文庫」「地域文庫」という場合もある）の呼称は1950～60年代に『図書館雑誌』で使われはじめたとされる（『新・こどもの本と読書の事典』ポプラ社）。個人や団体が所蔵していたコレクションを地域に開放し，子どもたちが利用できるようにしたもので，閲覧や貸出といった図書館的機能を備え，また，読み聞かせのようなイベントをおこなう場合もある。古くは1906（明治39）年，児童文学者の竹貫佳水（1875-1922）が当時の東京府豊多摩郡千駄ケ谷町（現在の渋谷区）の自宅に竹貫少年図書館（実態は家庭文庫）を設けたことが知られている[7]。第

二次世界大戦後で有名なものには，1952（昭和27）年に，『赤毛のアン』（同年出版）の翻訳で知られる村岡花子（1893-1968）が東京都大田区の自宅に設けた「道雄文庫ライブラリー」，児童文学作家でもあった石井桃子（1907-2008）が1958（昭和33）年に東京都杉並区荻窪の自宅に設けた「かつら文庫」，小説家山本有三（1887-1974）が東京都に土地と建物を寄贈した「有三青少年文庫」（1965年開設，現山本有三記念館。コレクションは東京都三鷹市立三鷹図書館が引き継いだ），1950（昭和25）年に長野県立図書館の団体貸出を受けて開始した叶沢清介（1906-2000）の「PTA母親文庫」があり，全国の文庫のモデルとなった。とくに，石井桃子が著書『子どもの図書館』（岩波書店，1965年）を出版して以降，急速に広がっていったとされる。

各地の親子読書推進団体や子ども文庫の間の交流と連携をはかるために，1970（昭和45）年には，親子読書地域文庫全国連絡会（略称＝親地連）が発足し，今日にいたっている。

③ 子ども（児童）図書館

単独施設として「子ども図書館」（「児童図書館」の名称もある）を呼称するところもある[8]。文庫活動を継承発展させたもの，個人・法人が設置したもの，図書館以外の公共施設のなかに設置されるもの，大学図書館の附属施設として運営されるもの，公共図書館の分館の1つを児童サービス専門の図書館とするものなど，さまざまな形態がある。

古くに設置され現在も活動を続けているものには，1950（昭和25）年に市立図書館の分館として開館した石川県金沢市立平和町児童図書館，1952年に家庭文庫として始まり1963（昭和38）年から医療系財団法人により運営されている福島県郡山市のクローバー子供図書館がある。現公益財団法人東京子ども図書館は，起源は1955（昭和30）年，東京都世田谷区で土屋滋子が始めた土屋児童文庫で，その後3つの文庫（入舟町土屋児童文庫，石井桃子のかつら文庫，松岡享子の松の実文庫）を統合して，1974（昭和49）年，新たにスタートした。

子ども図書館は「子ども読書年」であった2000（平成12）年以降，数が増えている[9]。この年は国際子ども図書館が旧帝国図書館の建物を改修して開館した年でもある。

④ 公共図書館の児童サービス

公共図書館の児童サービスは，今でこそ市区町村立図書館が中心となって実施しているが，草創期は県立図書館クラスが牽引した[10]。それは，1903（明治36）年，山口県立図書館の館長であった佐野友三郎（1864-1920）が「児童閲覧室」を設置したことに始まる。1904（明治37）年には，大阪府立図書館が初代館長今井貫一（1870-1940）のもとで，1905年には，湯浅吉郎（1858-1943）館長時代の京都府立図書館が児童室を開設した。わが国で最初の児童図書館の研究書とされる『児童図書館の研究』（博文館，1918年）は，今澤慈海（1882-1968）[11]と先述の竹貫の共著である。両者はともに東京市立日比谷図書館に勤務した。今澤は，1914（大正3）年館長に就くが，これに先立つ1908（明治41）年，同館は児童室を開設し，1913年には児童への貸出を始め，全国に先駆けて本格的な児童サービスをおこなうようになった[12]。しかし，これら図書館の取り組みは，その後の大正から昭和初期にかけて，児童の読書に対する考え方，社会風潮，および，第二次世界大戦によって中断されることになる。

市区町村立図書館が児童サービスを重視し，再度積極的に取り組むようになるのは，1963（昭和38）年の「中小レポート」，および，1970（昭和45）年の『市民の図書館』以降である。今日では，児童コーナー（児童室）を設けるのは"当たり前"のことであり，2008（平成20）年の調査によれば，7割以上の図書館に設置されるまでになっている（表2-2）。

現在は，学校図書館との連携，協働も進められつつある（第10章で詳述）。

本節では4つの側面に分けて述べてきたが，今後は，おのおのの活動をより密接に連携させつつ児童サービスをおこなっていく新たな発展期に入っているといえよう。

表2-2　公立図書館における児童コーナーの設置率

	図書館総数	児童室・児童コーナーの設置数	比率
都道府県立	62	48	77.4%
市区立	2,433	1,737	71.4%
町村立（広域を含む）	611	427	69.9%
計	3,106	2,212	71.2%

出典：表2-1と同じ。

b. YAサービスの歴史

YAサービスは，1920年代ごろから米国で「青少年に対する図書館サービス」として始められていたとされる（『図書館ハンドブック』第6版補訂版，日図協）。わが国でも戦前の1930年代に東京市立図書館において，アメリカで始まったばかりのサービスが紹介され，すぐさま実践された[13]。

1951（昭和26）年の文部省主催図書館指導者講習において米国より派遣された講師[14]が講義のなかでYAサービスを取り上げた。1968（昭和43）年には図書館法施行規則の改正に伴い「青少年の読書と資料」が選択科目となった。

受験勉強や学校の宿題をするためのいわゆる学習室とは性格を異にするYAのための場を図書館内に最初に設置したのは，1961（昭和36）年，東京都立日比谷図書館（2009年，千代田区立図書館に移管）の「読み物類」を備えた学生室（のちの青少年室）である。その後，1974（昭和49）年，大阪市立中央図書館が「あっぷるコーナー」（現ヤングコーナー）を開設した。1980（昭和55）年には，半田雄二（1948-1998）[15]が東京都立江東図書館（1986年に江東区へ移管）に「ヤングアダルトコーナー」を設置し，より幅広いサービスを実施するようになっていった。前年には，出版会社から成るヤングアダルト出版会が設立されており，以降，わが国で「ヤングアダルト」という言葉が意識的に使用されるようになった。

1992（平成4）年と2002（平成12）年調査を比較すると，YAサービスの実施率が25.7%から40.8%に，コーナーや部屋をおいているところが22.2%から66.2%に増加したことが明らかになっている[16]。近年，移設や新館オープンと同時にYAルームやYAコーナーを開設するケースが目立つようになったという[17]。

「子どもの読書活動の推進に関する基本的な計画」は第2次（2008）および第3次（2013）計画において，読書の側面からとはいえ，繰り返し中学生・高校生世代への働きかけの重要性を指摘している。YAサービスは児童サービスよりもゆっくりとした歩みではあるが，新たな取り組み・展開・発展が期待されている。

第3節　児童・YAサービスの意義

現在，多くの公共図書館では，「ブックスタート」「読み聞かせ」「ストーリーテリング」「ブックトーク」などをおこなっている（第5～6章で詳述）。読書の発達段階を考えると，それぞれの世代に向けたサービスをいかに適切に実施するかが重要である。図書館利用に障害のある児童・YAへのサービスを考慮する必要もある。これらをふまえたレファレンスサービスもお

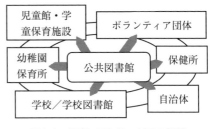

図 2-1　児童・YA サービスの展開

こなわなければならない（第12章で詳述）。そのためには単にコーナーを設置するだけではなく，各利用者層の身体的条件に配慮した設備・什器・サイン計画に配慮することも重要となる（第14章で詳述）。

ただし，これらのサービスは公共図書館のなかでなければおこなえないわけではないことも認識する必要がある。児童サービスの場はまだまだ拡大できる可能性がある。今後サービスをさらに発展させていくには，学校／学校図書館，幼稚園・保育所，公民館，児童館・学童保育施設，保健所，自治体の担当部署と人，地域のボランティア団体などかかわりのある諸機関・施設へとつなげて，連携・協働による展開が必要である（図2-1）。

どのようなサービスをおこなうにしても，一人ひとりの子どもが満足を得ることが図書館員への信頼を生み，生涯にわたる図書館利用へとつながることを忘れてはならない。

設問

(1) 児童・YAサービスの意義と担当者に必要なことを900字程度で述べなさい。
(2) 身近な公共図書館の児童・YAサービスについて調べて評価し900字程度で述べなさい。

参考文献
1. 日本図書館協会児童青少年委員会児童図書館サービス編集委員会編『児童図書館サービス1（運営・サービス論）』および『児童図書館サービス2（児童資料・資料組織論）』（JLA図書館実践シリーズ18, 19），日本図書館協会，2011年
2. ルネ・J・ヴィランコート，アメリカ図書館協会公共図書館部会・ヤングアダルト図書館サービス部会著，井上靖代訳『ヤングアダルト・サービスの秘訣:公共図書館ジェネラリストへのヒント』日本図書館協会，2004年
3. [DVD]『子どもと読書・コミュニケーション』（図書館の達人司書実務編2）紀伊國屋書店，2009年

注
1) わが国では，学校教育法（昭和22年3月31日法律第26号）において小学校について定めた条文のなかで「児童」，中学高等学校についての部分で「生徒」，高等専門学校および大学に関する部分で「学生」という用語を用いているが，児童福祉法（昭和22年12月12日法律第164号）では「児童」を「満十八歳に満たない者」（第4条）としており，法律によってその用語と適用範囲は異なっている。

2) 米国の公共図書館では，children-young adult のほかに，kids-teens という表現をするところも多く（わが国の図書館でもこれに準じた名称を採用するところがみられる），統一した定義づけは困難である。米国図書館協会の YA サービス協会（YALSA, Young Adult Library Services Association）は YA を 12 歳から 18 歳までと定義しているが，館による認識のちがいがあることも指摘している。ヤングアダルト図書館サービス協会（YALSA）著, ヤングアダルト・サービス研究会訳『ヤングアダルトに対する図書館サービス方針』（第 2 版）日本図書館協会，1999 年，p.47，60-65。
3) 日本図書館協会が，これまでに 3 度（1982 年，1992 年，2002 年）にわたり，公共図書館の YA サービスの実態調査をおこなっているが，その結果からは，いずれも対象年齢の設定にばらつきがみられる。
4) IFLA のガイドラインでは，「12 歳から 18 歳までを対象としている場合が多いが，文化的背景や国情によって違ってくる。年齢の範囲は，国や文化によっては，18 歳以上にまで延長している例も見られる」としている（巻末資料 4）。国際図書館連盟児童・ヤングアダルト図書館分科会編, 日本図書館協会児童青少年委員会訳『IFLA ヤングアダルトへの図書館サービスガイドライン 2008 年』日本図書館協会，2013 年，p.10。
5) 参考文献 3。
6) 第二次世界大戦後の経緯を共時的にみるうえでは，次の資料に付されている年表がわかりやすい。汐﨑順子『児童サービスの歴史：戦後日本の公立図書館における児童サービスの発展』創元社，2007 年，pp.206-213。
7) 当時の図書館令では，私立図書館は届出制であった。竹貫は，7 月に開申（監督官庁に報告）したことが「図書館消息」（『図書館雑誌』第 1 号，明治 40 年 10 月 17 日，p.47）に記されている。
8) 児童図書館研究会編『年報こどもの図書館 2012 年版』Ⅵ. 資料編には「全国子ども図書館一覧」があり，68 館の図書館が掲載されている。網羅的な調査ではないが，全般的な傾向を知ることができる。また，次の資料では，44 館の子ども図書館が紹介されている。笠原良郎；紺野順子著.『図書館ってすごいな：こどものための図書館案内』（シリーズわくわく図書館 5）アリス館，2010 年。
9) 前掲『年報こどもの図書館 2012 年版』に掲載されている館の創立年をみると 2000 年以降が 68 館中 42 館ある。また，次の資料には「いま，子ども図書館が増えている：その実際のすがた」という連載記事がある。『国立・国際子ども図書館：国際子ども図書館を考える全国連絡会会報』（国際子ども図書館を考える全国連絡会），No.30-35，2011-2014。さらに，前川芳久「公立『子ども図書館』の独立施設が増えている」『図書館雑誌』（日本図書館協会）Vol.103, No.6，2009.6, pp.402-405 もある。
10) これらの県立図書館の取り組み以前に児童にサービスをおこなった例としては，有料ではあるが，1887（明治 20）年に開館した大日本教育会附属書籍館（現千代田区立千代田図書館），1902（明治 35）年に東京市麹町に開館した大橋図書館（同館は，閉館，再開，移転を繰り返し，1953 年に閉館。蔵書は公益財団法人三康文化研究所附属三康図書館が継承）がある。
11) 佐野，湯浅，今澤の経歴・業績については次の資料に詳しい。石井敦編『図書館を育てた人々日本編Ⅰ』日本図書館協会，1983 年。また，今井については，大阪府立図書館のホームページなどで参照できる。大阪府立中之島図書館「当館初代館長今井貫一の事蹟」（最終更新日 2007 年 12 月 28 日）https://www.library.pref.osaka.jp/nakato/shotenji/12_imai.html（'15.1.24 現在参照可）。
12) 児童図書目録の発行，読書調査の実施，団体貸出，児童講演会・口演童話（お伽会）・ストーリーテリング・各種展示会・運営への子どもの参加などがあげられる。以下の資料に詳しい。児童図書館研究会編『児童図書館のあゆみ：児童図書館研究会 50 年史』教育史料出版会，2004 年，pp.37-38。
13) 半田雄二「ヤングアダルトサービス私史」『みんなの図書館』No.206，1994 年，p.17。
14) 1951 年 2 月から 1952 年 6 月の約 1 年半の間，米国図書館協会に任命された教授団の一員として，ハナ・ハント（Hannah Hunt, 1903-1973）が来日，日本の図書館学校（Japan Library School），および慶應義塾大学で教鞭をとった。Marilyn L. Miller ed. "Pioneers and leaders in library services to youth : a biographical dictionary," Libraries Unlimited, 2003, p.108.
15) 半田雄二は，わが国の図書館界に米国の YA サービスの概念を紹介した図書館員であり，米国の文献・実践事例の紹介とそれらに基づいた現場での YA サービスの実践を通して，常に日本の YA サービスの牽引役であった先駆者である。西村彩枝子「まえがき」所載：半田雄二著, 半田雄二論文編集委員会編『ヤングアダルトサービス入門』教育史料出版会，1999 年，p.3。
16) 『公立図書館におけるヤングアダルト・サービス実態調査報告』大阪市立大学学術情報総合センター図書館情報学部門，2003 年，pp.28, 33, 53。
17) 前掲『年報こどもの図書館 2012』, p.295。同資料には，都内 7 館のコーナーが紹介されている。

読書の発達段階と資料

　この章では、まず、児童の発達段階について学んでいきたい。児童サービスの実践にあたって、担当の図書館員は児童の発達段階を考慮する必要がある。なかでも、読書能力と興味の発達段階の理解が重要である。発達段階をふまえない児童サービスは、児童にとってわかりにくかったり、つまらなかったり、興味をひかないだけでなく、結果的に図書館の利用から遠のくことにもつながりかねないからである。次に、発達を促す各種の児童資料の種類と特性について学んでいく。児童の多様な発達段階に応じた児童資料を選択・収集し、提供していくことが大切である。

第1節　発達と発達段階

　発達とはなんであろうか。発達とは、簡単に説明すれば、人の心身の諸能力・機能が成長し、完全な状態に近づいていくことである[1]。人が発達するためには、その人自身の内的な要因だけでなく、周囲の環境や他者とのかかわりなどの外的な要因が必要となってくる。図書館およびそこでの児童サービスもこの外的な要因の1つということができる。こうしたさまざまな要因が複雑に影響しあって発達は促されていくのである。

　このような発達の過程をわかりやすく示したものが、発達段階である。発達段階については、多くの心理学者によって異なる説が提唱されている。なかでも、フロイト（Freud, Sigmund 1856-1939）、ピアジェ（Piaget, Jean 1896-1980）、ハヴィガースト（Havighurst, Robert James 1900-1991）、エリクソン（Erikson, Erik Homburger 1902-1994）の説がよく知られている。発達段階ごとに特有のいくつかの壁（これを発達課題という）が存在しており、この壁を乗り越えながら人は発達していくととらえている点はいずれの説でもほぼ共通している。

　たとえば、ハヴィガーストは、人の発達を「幼児期」（〜6歳）、「児童期」（6〜12歳）、「青年期」（12〜18歳）、「壮年期（成人初期）」（18〜30歳）、「中年期」（30〜55歳）、「老年期」（55歳〜）の6つの段階（図3-1）に分けてとらえており、それぞれに乗り越えるべき発達課題を提示している。児童サービスにかかわる「幼年期」「児童期」「青年期」の主な発達課題をみてみよう。「幼年期」では「話すことの学習」「社会や事物についての単純な概念を形成すること」「善悪を区別することの学習と良心を発達させること」など、「児童期」では「読み・書き・計算の基礎的能力を発達させること」「日常生活に必要な概念を発達さ

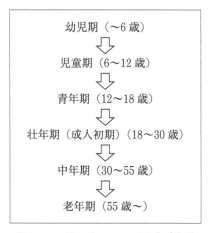

図3-1　ハヴィガーストによる発達段階

せること」「良心・道徳性・価値判断の尺度を発達させること」「社会の諸機関や諸集団に対する社会的態度を発達させること」など,「青年期」では「職業を選択し準備すること」「市民としての必要な知識と態度を発達させること」「行動の指針としての価値や倫理の体系を学ぶこと」などをあげている[2]。

ハヴィガーストのあげた発達課題をみると,その課題を乗り越えるために読書や図書館の児童サービスが寄与しうる部分の小さくないことが想像できるだろう。「読むことの学習によって,新しい世界がだんだん開けてくる」[3]というハヴィガースト自身の言葉も参考になる。

ただし,ハヴィガーストの説も,そのほかの説においても,そこであげられている発達課題は多岐にわたるものであり,しかも,抽象的に表現されていることが多い。それは,いずれの説も,人の発達を総合的にとらえようとしているからにほかならない。むしろ,人の発達は,心身の諸能力・機能が複雑に関連しあって実現されるものであるから,総合的に把握しなければならないものといえる。しかし,それではあまりにも抽象的なかたちでしか発達を把握できなくなってしまう。そこで,あえて,特定の能力や機能を取り出して,具体的にその発達を研究する試みがおこなわれている。読書能力や興味の発達に関する研究がおこなわれているのは,そのためである。

第2節　読書能力の発達段階

読書能力とは,字のごとく,読書をする能力のことである。読書能力は,当然ながら,人の心身の諸能力・機能の一部を構成するものであるから,読書能力の発達は,人の発達そのものにも大きな影響を与えることになる。

わが国で読書に関する心理学的研究を牽引した人物に阪本一郎(1904-1989)がいる。阪本は読書能力を構成する能力因子として次の7つをあげている。すなわち,①眼球運動の調整能力,②文字を認知する能力(読字力),③語を認知する能力(語彙力),④文脈を理解する能力(文法力),⑤文章が伝達しようとしている情報を正確にとら

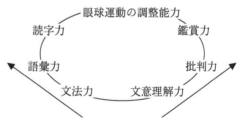

図3-2　阪本一郎による読書能力を構成する因子

える能力(文意理解力),⑥文章から受容したい意味を批判する能力(批判力),⑦文章の刺激する情緒的感動を味得する能力(鑑賞力)の7つである[4]。これら7つの諸能力が総合的に発達することによって,総体としての読書能力の発達は実現されるのである(図3-2)。

また,阪本は,読書能力の発達に影響を与える内的な要因と外的な要因についても指摘している。内的な要因としては,①一般的知能,②生理・心理的要因(視覚,聴覚,発声などの諸器官の発達),③興味,④経験,⑤性格的要因の5つを,また,外的な要因としては,①教育的要因(適切な読書指導がおこなわれているかどうかなど),②環境的要因(読書環境が好適であるかどうかなど)の2つを,それぞれあげている[5]。環境的要因のなかには,もちろん,図書館およびそこ

での児童サービスも含まれる。

では，読書能力の発達段階については，どう考えられているのであろうか[6]。ここでも阪本の説をみていくことにしたい。阪本は，以下のように，大きく「読書入門期」「初歩読書期」「展開読書期」「成熟読書期」の4つの段階に分けたうえで，それぞれの段階をさらに2つから3つの段階に分けて把握している[7]。

Ⅰ 読書入門期　読書レディネス[8]が発達し，読書を開始するまでの時期
　1　読書レディネス期（5歳〜6歳半）：お話を聞きたがる。絵本を見てそら読みをする。文字をおぼえはじめる。
　2　読書開始期（小学1学年1学期終わりごろまで）：本を読みたがる。拾い読みしながら読む。

Ⅱ 初歩読書期　基礎読書能力が完成するまでの時期
　1　独立読書開始期（小学1学年2学期ごろ）：やさしいものなら独りで読みはじめる。拾い読み。
　2　読書習慣形成期（小学1学年の終わりごろから2学年のはじめごろまで）：読解語彙が増し，読み返さないでも読みすすめる。
　3　基礎読書力成熟期（小学2学年の半ばごろから3学年の終わりごろまで）：読書の基礎的スキルが一応の成熟に達する。文が滑らかに読め，長い文章でも読みとおせる。黙読も上達する。

Ⅲ 展開読書期　読書技能が成熟し，多読や目的に応じた読書ができるようになる時期
　1　読書独立期（小学3学年の終わりから5学年の半ばごろまで）：自発的に読書をする。目的をもった読書，読んだものへの批判などができる。
　2　読書分化期（小学5学年の終わりごろから中学2学年のはじめごろまで）：いっそう多読になる。目的に応じて本を選択して読めるようになる。

Ⅳ 成熟読書期　成人としての読書の水準に達する時期
　1　読書統一期（中学2学年から高校1学年ごろまで）：成人の読書材が読めるようになり，読書材の種類，目的に応じた読み方をする。
　2　高級読書期（高校2学年以降）：特殊な文体や高度の読書材を読みなれ，研究的な読みができるようになる。

読書能力の発達には，もちろん，個人差がある。したがって，上述した発達段階は，あくまでも標準的なものであり，目安の1つであることに留意しなければならない。

第3節　読書興味の発達段階

　読書能力の発達に影響を与える内的要因の1つであり，かつ読書への動機づけともなるものが，読書興味である。読書興味を規定する要因にも，内的な要因と外的な要因があるとされている。主な内的な要因としては①年齢，②性別，③知能など，主な外的な要因としては①図書の手に入れやすさ，②友だちや両親，③テレビや映画などがある[9]。

　また，読書興味にも発達段階があり，阪本によって示された以下のような発達段階がよく知られている[10]。

①子守り話期（2～4歳）：「しつけ話」「知恵話」「楽しみ話」などを総称して「子守り話」または「おとぎ話」という。自分でできることは自分でできる，まちがわないで上手にする，いけないことはしないといった内容の話が興味をひく。また，知性の芽生えを育てるものや楽しい心情を育むものが適している。「生活絵本」「観察絵本」「鑑賞絵本」などの絵本に親しみはじめるのもこの時期である。絵本は読み聞かせするだけでなく，絵について自由な会話をもつことが必要である。

②昔話期（4～6歳）：この時期に興味をもつのが「昔話」である。「昔話」の特徴としては，①"むかしあるところに…"で始まり，時と所を超越した現実から遊離した世界であること，②素材は子どもの身辺の生活環境からとられていること，③魔法や奇跡が起こること，④物語としての首尾が一貫し，白と黒とが明白に分かれることなどがあげられる。

③寓話期（6～8歳）：この時期の子どもは，よい子になろうとする傾向があり，「よい子時代」などとも呼ばれる。前の時期に引き続き「昔話」が喜ばれるが，さらにその形式を短くして単純なモラールを加えた「寓話」に興味をもつようになる。また，同時に，偉人の幼年時代のエピソードである「逸話」にも興味を示すようになる。

④童話期（8～10歳）：この時期，子どもは自主的な判断にもとづいて積極的に行動するようになる。そのため，現実の子どもの生活に取材して，これを想像で裏づけた「生活童話」が適っており，また，興味をひく。代表的なものとしては「アンデルセン童話」があげられる。科学の芽を育てる「図鑑」などにも興味をもつようになる。

⑤物語期（10～12歳）：読書活動が最も旺盛な時期でもあり，読書興味も多方面に分化する。主には，現実の子どもの生活上の問題が示され，それを友情と正義とで解決する過程を描いた作品が最も大きな幅を占める。世界名作の大部分がこれにあたる。

⑥伝記期（12～14歳）：思春期を迎えるこの時期，偉人英雄の人間的苦悩を扱った「伝記」に興味を示す。また，無名の科学者などのしのこした業績に関する「記録文学」によって，人生はいばらの道であることにも興味をもつ。さらに，現実の問題として，「職業」「進路」に関する文献に興味をもつようになる。

⑦文学期（14歳～）：「伝記」では登場人物のイメージが大きすぎるため，この時期には市井の隠れた人たちが真剣に取り組んだ人生のなかに真実を見いだそうとする。すぐれた「大衆文

学」や「純文学」がその目的に適う。その手始めとなるのが恋愛小説である。
⑧思索期（17歳〜）：この時期には，文学作品も理念的な背景をもったものが迎えられるようになる。また，人生論や幸福論などの「思索書」に興味をもち，「哲学書」「宗教書」などを読む人も出てくる。

以上の阪本による読書能力と読書興味の発達段階を，本章第1節で紹介したハヴィガーストによる発達段階と対応させて整理すると，表3-1のようになる。図書館員はこれらの発達段階を理解し，実際に活かすことで，乳幼児，小学生，中・高校生それぞれにとって，わかりやすく，楽しく，興味をひく児童サービスの実践が可能となる。

ところで，読書興味の発達については，「一定の年齢までは子どもの読書興味はほぼ共通している」

表3-1　阪本一郎による読書能力を構成する因子

年齢	一般的な発達段階	読書能力の発達段階	読書興味の発達段階
2	幼児期	（前読書期）	子守り話期
4	幼児期	読書入門期	童話期
5	幼児期	読書レディネス期 読書開始期	童話期
6	幼児期	読書レディネス期 読書開始期	童話期
7	児童期	初歩読書期 独立読書開始期 読書習慣形成期	寓話期
8	児童期	初歩読書期 独立読書開始期 読書習慣形成期	寓話期
9	児童期	基礎読書力成熟期	童話期
10	児童期	展開読書期	童話期
11	児童期	読書独立期	物語期
12	児童期	読書分化期	物語期
13	青年期	成熟読書期	伝記期
14	青年期	成熟読書期	伝記期
15	青年期	読書統一期	文学期
16	青年期	読書統一期	文学期
17	青年期	高級読書期	文学期
18	壮年期(成人初期)		思索期

出典：黒古一夫・山本順一編著『読書と豊かな人間性』学文社，2007年，p.91の表5-3をもとに作成

「子どもの本について言えば，ある国でよく読まれる本は他の国でもよく読まれる」[11]など，時代や国を超えて一定の不変性があるといわれてきた。しかし，阪本の示した読書興味の発達段階については，それが最初に示されてからすでに60年以上が経過していること，また，その後の児童をとりまくメディア環境は多様化が著しく，テレビや映画以外にもゲーム，ケータイなど児童の興味をひくメディアが相次いで登場してきており，児童の読書そのものへの興味も60年以上一定であるとは考えにくいことなどから，「現状に即しているとは言いがたい」[12]との指摘もなされるようになってきている。

これまでに，新進の研究者が調査をもとに読書興味の発達段階について新たな説を提示している[13)14)]。これらの説を整理すると，図3-3にようになる。ここに示された3つの説では共通する発達段階が一部にみられるものの，全体としては大きく異なっている。やはり，現在の児童の読書興味の発達段階は，60年以上前に示された阪本の説から変化してきていることがうかがわれる。

児童の読書能力や興味の発達をめぐっては，今後も，新たな調査や研究がおこなわれていくも

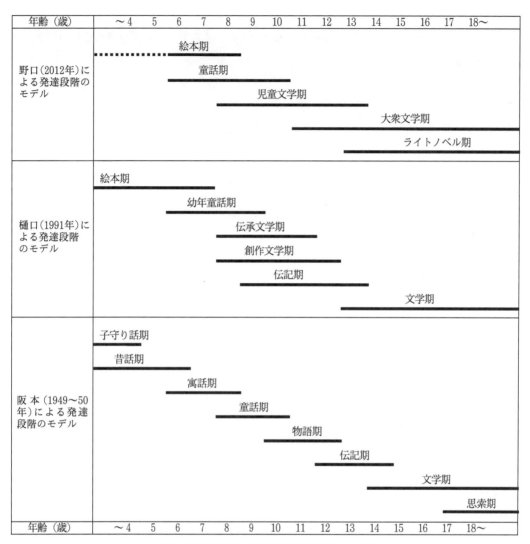

図 3-3　読書興味の発達段階に関する 3 つの説

のと思われる。研究成果は図書館の現場に活かされてこそ意味があるものである。ゆえに，研究者が図書館に向けて研究成果を発信していくことが重要であることはもちろんのこと，図書館員のほうからも図書館情報学や発達心理学など児童サービスに関連する研究分野に日ごろからアンテナを伸ばしておき，その研究成果を積極的に吸収し，児童サービスの実践に役立てていこうとする姿勢をもつことが欠かせないのである。

第 4 節　読書の発達を促す児童資料

　前述の表 3-1 や図 3-3 のなかに登場する「絵本」「昔話」「寓話」「童話」「物語」「伝記」などを総称して「児童資料」または「子どもの本」という。いずれも，児童の読書能力や興味の発達

を促すためには必要な資料であり，児童サービスを実践するにあたっては不可欠な存在である。

ヤングアダルトサービスの資料については第8章で述べるので，ここではそれ以外の主だった児童資料の種類と特性を紹介する。

① 絵　本：『はらぺこあおむし』（エリック・カール作，偕成社）など，絵を主体とする図書のことである。ただし，図鑑やマンガは含まない。

② 伝承文学（昔話，神話，寓話など）：先祖から子孫へと伝承されてきた昔話や神話，寓話などのことである。口承されてきたものがほとんどであることから，口承文学ともいう。このうち，寓話とは，教訓をこめた短いたとえ話のことで，『イソップ寓話』が有名である。

③ 幼年・児童文学（各種の物語）：幼年・児童文学の作品ジャンルとしては，『エルマーのぼうけん』（ルース・スタイルス・ガネット著，福音館書店）などの冒険物語，『エーミールと探偵たち』（エーリッヒ・ケストナー著，岩波書店）などの探偵物語，『子鹿物語』（マージョリー・キナン・ローリングス著，ポプラ社）などの動物物語，『飛ぶ教室』（エーリッヒ・ケストナー著，岩波書店）などの友情物語，『若草物語』（ルイザ・メイ・オルコット著，講談社）などの親子（家族）物語，『不思議の国のアリス』（ルイス・キャロル著，岩波書店）などのファンタジー（架空物語）などがある。

④ 伝　記：『シートン』（今泉吉晴著，福音館書店）など，歴史上実在した人物の生涯の事蹟を扱ったノンフィクション作品のことである。自伝も含まれる。

⑤ 科学読物：『ハチのふしぎとアリのなぞ』（矢島稔著，偕成社）など，自然界のしくみや科学のおもしろさを伝える作品のことである。

⑥ 参考図書：『総合百科事典ポプラディア』（ポプラ社）や『朝日ジュニア学習年鑑』（朝日新聞出版）など，調べるための資料（辞典，事典，図鑑，年鑑など）のことである。

⑦ その他：特別な支援を必要とする児童のためにバリアフリー資料を整備することも必要である（第7章参照）。また，図書以外の資料として，紙芝居，詩，学習マンガ，児童向けの雑誌や新聞（小学生新聞など），児童向けの視聴覚メディアや電子書籍などもある。

児童資料の選択に役立つ出版情報は，各出版社のウェブサイトを確認して把握する方法もあるが，日本児童図書出版協会の協会会員46社の新刊案内を掲載している『こどもの本』（月刊）や，児童資料の選定リストや書評を掲載する日本子どもの本研究会の『子どもの本棚』（月刊）などの専門ツールを利用すると効率的に把握できる。

児童資料の選択・収集は，ほかの図書館資料（図書館情報資源）と同様，自館の資料収集方針にもとづいて，計画的・組織的におこなうことが重要である。その際には，利用者である児童の地域内人口と年齢構成・発達段階，自館の予算，地域内の類縁機関（地域文庫，学校図書館，児童館図書室など）の状況なども考慮しなければならない。

設問

(1) ハヴィガーストによる発達段階ごとの発達課題には，本文中にあげたもの以外にどのようなものがあるか参考文献1を読んで，900字程度で整理しなさい。

(2) 図3-3のように，児童の読書興味の発達段階は変化してきていることがうかがえるが，その背景について，児童をとりまくメディア環境の変遷などを調べて考察し，900字程度でまとめなさい。

(3) 異なる市町村にある公共図書館を2館訪問し，児童資料はどのような蔵書構成になっているか調べなさい。そのうえで、2館の蔵書構成の共通点、相違点とその背景について考察し，900字程度でまとめなさい。

参考文献
1. ハヴィガースト著，荘司雅子監訳『人間の発達課題と教育』玉川大学出版部，1995年
2. 阪本一郎編著『現代の読書心理学（4版）』金子書房，1976年
3. 野口武悟「読書興味の発達段階モデルについての再検討」『発達研究』26，2012年
4. 日本図書館協会児童青少年委員会児童図書館サービス編集委員会編『児童図書館サービス2：児童資料・資料組織論』（JLA図書館実践シリーズ19）日本図書館協会，2011年

注
1) 本章では，児童サービスの対象となる主に0～18歳ごろまでの人の発達および発達段階に焦点を当てて述べるが，発達は18歳までで完結するわけではない。人は，最期のときを迎えるまで発達しつづける存在と考えられている（これを「生涯発達」という）。
2) 参考文献1，pp.30-181，260-284。
3) 同上，p.61。
4) 阪本一郎『読書の心理と指導』牧書店，1961年，p.29。
5) 同上，pp.29-30。
6) この点については，阪本のほか，増田信一（1933-　）が言及している。増田信一『読書教育実践史研究』学芸図書，1997年などが参考になる。
7) 参考文献2，pp.96-97。
8) 読書レディネスとは，読書を可能とする素地が児童の内面に準備できている（でき上がっている）状態のこと。
9) 阪本敬彦・岡田明・高木和子『読書興味の研究』野間教育研究所，1980年，pp.15-41。
10) 参考文献2，pp.129-134。
11) 朝比奈大作・米谷茂則『読書と豊かな人間性（三訂版）』放送大学教育振興会，2009年，p.36。
12) 樋口洋子「成長期における児童の読書興味の変化とモデル化」『図書館学会年報』第37巻第4号，1991年，p.166。
13) 樋口の研究では，児童図書館1館の利用者（3～15歳の63人）を対象にデータを収集して，分析・検討している（同上，pp.166-178）。
14) 筆者の研究では，阪本の研究方法を援用して，小学生3539人（男子1784人，女子1755人），中学生3111人（男子1533人，女子1563人，不明15人），高校生1420人（男子488人，女子920人，不明12人）のデータを収集して，分析・検討している（参考文献3，pp.103-120）。

乳幼児サービス

公共図書館では，保健所などと連携して，出生前の講座を開き，新生児に対する家庭での読み聞かせの重要性を啓発したりしている。わが国でもおこなわれるようになったブックスタート（bookstart）は，自治体によって取り組み方にちがいがある。本章では，ブックスタートを中心に，乳幼児期の図書館サービスに対する理解を深める。

第1節　ブックスタート

a. ブックスタートの経緯

世界で最初にブックスタートを提唱したのは，ロンドンに本部をおく民間教育基金団体「ブックトラスト」（Booktrust）である。1992年，バーミンガム市のバーミンガム図書館，南バーミンガム保健局，バーミンガム大学教育学部が連携し，約300人の赤ちゃんを対象にブックスタートのパイロットスタディーをおこなった。この活動が英国内で大きな反響を呼び，同趣旨の事業が英国各地でも実施されるようになった[1]。1998年には，英国大手スーパーマーケットが約10億5000万円の資金援助をブックトラストにおこなうことを決定し，以降，英国全土で，生後7～9カ月の赤ちゃんにブックスタートパック[2]が手渡されるようになった。

b. ブックスタートの理念

ブックスタート発祥の地・英国と日本とでは，ブックスタートの目的にちがいがある。英国でブックスタートが開始されたきっかけは，増加する移民の「識字率向上」がテーマであった。そのため，英国では英語の絵本だけでなく，多言語の絵本にも対応しており，教育上の成果に重点がおかれているといえる。これに対し，識字率の高い日本では，育児ストレスに悩む親への「育児支援」がテーマであり，読み聞かせをゆったりと楽しみながら，絵本を介して親子のコミュニケーションを深めることに重点がおかれている。

英国では，ブックスタートをread books（読書）ではなく，share booksという表現を用いる。これは，赤ちゃんに絵本を読ん（read）でストーリーを楽しむことよりも，赤ちゃんを大切に思う人が，赤ちゃんに寄り添い，ゆったりと絵本を開いて赤ちゃんに語りかけるあたたかなひとときを，絵本を介して分かち合う（share）ものとして広めているからである。

c. わが国におけるブックスタート

2000（平成12）年の「子ども読書年」に際し，子ども読書年推進会議の招きによってブックトラスト関係者が来日し，英国での活動や成果が紹介された。同年11月に同会議が東京都杉並区と区立図書館の協力を得て，新生児4カ月検診に区内の保健センターを訪れた赤ちゃんの保護者約250人に対し試験的に実施し，これがわが国におけるブックスタートの始まりとされる。翌

2001年4月，国内12市町村で本格的な活動が始まり，わが国はブックスタートを開始した世界で2番目の国となった。

わが国では「NPOブックスタート」3)の活動がよく知られている。資料の発行や研修会の開催，ブックスタート・パック（写真4-1）の提供事業をとおして各地の活動をサポートしている。

d．ブックスタートの効用

ブックスタートについては，内外にいくつか研究蓄積がある4)。ここではブックトラストの最初のプロジェクトを主導したバーミンガム大学の研究者ら

写真4-1 ブックスタート・パックの例 絵本のほか，各自治体が作成した絵本リストや子育てに関する資料も入る（パックの内容は自治体ごとに異なる）。

による追跡調査5)を紹介したい。絵本プレゼントを体験した集団と非体験の集団とを長期的に観察し，小学1年時において，両集団の間で，読み書き能力と基本的計算能力に著しい差異を確認した6)。生後7カ月の子どものいる家庭に絵本プレゼントと識字情報を提供し，さらに識字支援グループに参加させたところ，家庭でも絵本に関連する行動を継続していることが確認できた。2カ月後の追跡調査では，半数の家庭で，絵本の所有数が増えたり，赤ちゃんが絵本を手にする頻度が増加したり，母子で絵本や絵本カタログを見る頻度が増えたりするなど，著しい変化がみられたという7)。

最近の研究では，子どもの読書が普及した国では個人の絵本所有も増加しているため，世界的視野でみれば絵本プレゼントのインパクトは大きいものではなく，必要ないと考える向きもある。一方で，絵本プレゼントは，保護者に対して子どもとの読書が価値あることを積極的に伝えられるプログラムとして評価できるという意見もある。

絵本プレゼントの恩恵は，ただ，絵本がもらえるといったことにあるのではない。プレゼントを受けることで，パートナーシップを強め，幼少期における言語と読み書き能力の発達を支援する人々の意識を高めたり自信を深めたりするなど「さざ波効果」8)をもたらすことにある。

第2節　地方自治体とブックスタート

a．わが国におけるブックスタートの実施状況

2014（平成26）年10月31日現在，全国の1742市区町村のうち899市区町村で実施されていることが確認されている9)。これらの自治体では，赤ちゃんとその保護者を対象に，0歳児健診などの機会に，ブックスタートパック10)がプレゼントされている。

「ブック」からすぐ「本→読書→図書館」と連想しがちだが，日本での取り組みでは，「赤ちゃんの健やかな成長を応援する」という目的から，図書館ばかりではなく，母子保健，子育て支援の分野も関係している（図4-1）。自治体によって異なるが，司書，保健師，子育て支援担当者，

保育士，民生委員，ボランティアなどが連携している様子が見てとれる。注意しておきたいのは，わが国の自治体間で，「ブックスタート」の概念と実施内容にちがいがあることである。

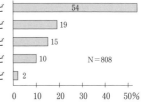

図4-1　ブックスタートの事務局を担う機関
出典：NPOブックスタート「ブックスタートの運営について」
http://www.bookstart.or.jp/lg/（'15.1.24現在参照可）

b. ブックスタートの実施内容

　ブックスタートが広まるにつれて，若い母親たちだけでなく図書館員でさえも，地元の自治体で実施されていないことを不安に思ったり，実施している地域の子どもとそうでない子どもとの間に，読書においてなんらかの差異が生ずるのではないかと心配したりする声が聞かれる。このような懸念は，ブックスタートを，単に「新生児への絵本プレゼント」と誤って理解している場合に多い。絵本プレゼントをしない自治体でも，0歳児健診などの機会に「赤ちゃんと絵本を楽しむ体験をプレゼント」（NPOブックスタートが提唱している）し，家庭での読み聞かせの機運を育て，図書館利用へと導く活動をおこなっている。このように，ブックスタートパックの購入予算の問題だけで，自治体や公共図書館がブックスタート実施の有無を決めているわけではない。

　わが国の公共図書館のなかには，乳幼児サービスを最重点課題としているところも多い。たとえば，出産前に，保健所主催の「プレママ講座」や「プレパパ講座」で読み聞かせの意義などを説明し，その後，新生児健診などの機会にブックスタートを実施して，児童図書館員やボランティアたちが若い母親や父親たちに絵本を赤ちゃんと楽しむ時間の大切さを講演したりする。さらに，1・6健診（1歳6カ月時の検診）や，3歳児健診，育児相談のときにもう一度絵本の楽しさを親子で共有することを伝えるフォローアップをおこなう。さらに，図書館主催の乳幼児対象の行事を実施し，図書館利用へとつなげていく。

　具体的には，ファーストブック以降の継続した家庭での読み聞かせの方法や選書のアドバイス，親子で楽しむおはなし会の案内，図書館利用カードの発行，読み聞かせのためのブックリストの配布などを通じて，親子で公共図書館の利用者となってもらえば成功といえる。

c. 東京都調布市立図書館の例

　英国におけるブックスタート開始よりも早い1985（昭和60）年，調布市立図書館では，全国に先駆けて重点的に乳幼児サービスに取り組んだ。図書館員が選んだ読み聞かせのためのブックリスト『この本よんで！1・2歳向け』（写真4-2）[11]を発行し，このなかの0～2歳の部分を抜き刷りにして，1・6検診時に無料配布し，全国の図書館から注目を集めた[12]。

　調布市では，児童サービスに重点をおくことが当初から市と図書館の一致した方針であった。同市では早くから児童サービスの基盤が確立していた。1歳6カ月児歯科健康調査の際，保健センターの職員が図書館の歯の絵本を利用するなど，日ごろから同館と保健センターとの間で連携があった。こうしたことから，ブックスタートの開始までの基盤が早くに整えられ，児童奉仕担

当が児童サービス業務に専念でき，行事，勉強会，刊行物の作成のための時間を確保できたのである。

調布市では，ブックスタート開始当初から，配布物に絵本を含まない方針であった。①図書館を利用してほしいこと，②絵本を2冊配布するだけでは不十分であること，③親子が絵本に長く親しみ，楽しんでほしいこと，④図書館での読み聞かせの会に親子で参加してほしいこと，⑤ブックリストに収載された本はすべてすばらしい本であり，書店で購入可能だが，生活圏にある図書館を気軽に利用してほしいことの5つが主な理由である。同図書館では，配布されたブックリストに印をつけて，絵本を探す母親たちの姿が見られるようになったという。家庭での継続した読み聞かせの環境づくりに成功した好例である。大切なことは，親子でいっしょに読むこと，無理やり読まないこと，押しつけないことである。さらに，図書館員が支援する際に大切なことは，読み手となる保護者に対して「絵本を読まなければ」という不安やストレスを軽減するあたたかな支援である。

写真4-2 公共図書館が作成したブックリストの例（調布市立図書館ほか）

第3節　さらなる乳幼児サービスの展開

a．おはなし会

図書館や学校，書店などでは，児童図書館員や書店員，ボランティアだけでなく，絵本作家や画家自身による読み聞かせ会が開かれることがある（写真4-3）。作家や画家本人がおこなうと，絵本の制作過程や，本人の人柄までをも知る機会となり，ほかの作品も読んでみたいという読書意欲を高めることができる。同時に，作家や画家にとっても読者との交流の場となり，読者の反応を直接知り，次の作品制作の参考とすることができる。

身近な公共図書館や公民館などでは，赤ちゃんと親の「親子のためのおはなし会」が実施されている。内容は，赤ちゃん絵本の読み聞かせと手遊び，わらべうたなどを組み合わせることが多い。日本では，読み聞かせとストーリーテリングがおはなし会の中心であるが，欧米では，指人形劇，ペープサート[13] 影絵，芝居などがあり読み聞かせやストーリーテリングは，プログラムの一種類であるにすぎない。小さな子どもには，手遊びやわらべうたを交えながら集団のなかで聞くことに慣れさせていきたい。

b．ぬいぐるみの図書館お泊まりイベント

2010（平成22）年秋，米国の公共図書館発祥とされる「子どもと大切なぬいぐるみを図書館に1泊させるイベント」の事例を国立国会図書館が紹介したことがきっかけとなり，「ぬいぐるみの図書館お泊まり会」が全国各地の図書館に広まった。全国ですでに100回以上開催されており，テレビや新聞でも報道されるほど人気のあるイベントとなった[14]。

"ぬいぐるみが図書館にお泊りする日数"は，1泊2日〜2泊3日と図書館によってちがう。参加者の年齢は，乳幼児〜小学生が対象であり，参加費は無料で，必ず指定された日にぬいぐるみを引き取りにくることが条件となる。

写真4-3　英国の絵本作家デビ・グリオリさんの読み聞かせと作画風景　2000年の読書年にブックトラストから派遣された際（第1節Cで記述），東京都武蔵野市の児童書店が実施したおはなし会（2000年11月，於おばあちゃんの玉手箱書店）。

子どもたちは，お気に入りのぬいぐるみと一緒に図書館に来館する。図書館員は，ぬいぐるみに名札を付け，ぬいぐるみをもった子どもの写真を撮影する。ぬいぐるみと一緒に，ストーリーテリング，読み聞かせ，パネルシアターなどを楽しむ。子ども同士は，ぬいぐるみの自己紹介をしながら，次第に仲良しになっていく。ぬいぐるみが図書館にお泊りする時間になると，子どもたちは，ぬいぐるみをおやすみスペースに寝かしつけていく。図書館員から「明日迎えに来てね」と声をかけられると，子どもたちは，ぬいぐるみが起きないように静かに退室していく。

図書館が閉館すると図書館員は大忙しとなる。子どもたちが預けたぬいぐるみをジオラマに配置する。ぬいぐるみは，図書館のなかでOPACを検索し，貸出端末を使ってほかのぬいぐるみに絵本を貸出す。おはなしの部屋で紙芝居を鑑賞したり，書架に昇ったり，絵本を読んだりと，図書館をエンジョイしている。その楽しそうなぬいぐるみの姿を図書館員が写真で撮影していく。子ども一人ひとりに1冊ずつアルバムを個別に作成していく。指定日にぬいぐるみを引き取りに来た子どもたちに，図書館で撮影したぬいぐるみの写真を手渡すと，子どもたちは夜中の図書館でのぬいぐるみの行動に興味津々。このとき，写真のなかでぬいぐるみが読んでいた絵本を選んで子どもに手渡していく。子どもたちは大好きなぬいぐるみが選んだ絵本なら読んでみようと素直に受け取っていくそうだ[15]。

ぬいぐるみを通して，子どもに本と図書館を好きになってもらうための行事だが，ぬいぐるみが夜中の図書館で大冒険をするという強烈なインパクトのある写真は，子どもにとっても印象に残る思い出となるだろう。図書館利用を拡大するためのアイデアの秀逸さに驚くばかりである。わが国の若い図書館員からこのような発想が出てくることをおおいに期待したい。

設問

(1) 身近な地域におけるブックスタートの実施状況（実施の有無，実施時期とその内容，公共図書館と連携する関係機関名や団体名とその連携内容）について調べ，900字程度にまとめなさい。

(2) 身近な地域で実施されているおはなし会について，主催者，開催日時と頻度，広報の方法，対象，参加人数，プログラム，配布資料などを調べ，900字程度にまとめなさい。

参考文献
1. 吉田昭「ブックスタートの贈りもの」『図書館雑誌』Vol.98, No.9, 2004年, pp.685-687
2. NPOブックスタート編著『赤ちゃんと絵本をひらいたら ブックスタートはじまりの10年』岩波書店, 2010年

注)
1) Booktrust "History Bookstart: the first national bookgifting programme in the world." http://www.bookstart.org.uk/about-us/history/ ('15.1.24現在参照可)。
2) ブックスタートのキャラクターとブックスタートのロゴが入った布製トートバッグ，絵本2冊，ランチョンマットなどが梱包されていた。現在は，新生児対象のブックスタートパック（母熊・父熊と一緒に絵本を読む小熊のイラストつきの紫色の小型バッグ，ボードブック2冊，読み聞かせの楽しさを伝えるブックレットとブックリスト "Babies Love Books"，1ポンドの図書券）が保健師や医療従事者から配布される。"Bookstart packs," http://www.bookstart.org.uk/bookstart-packs/ ('15.1.24現在参照可)。
3) この団体も，2000年の「子ども読書年推進会議」のなかにブックスタート室が設置されたことに始まる。翌年，「ブックスタート支援センター」となり，2002（平成14）年，NPO法人として認証を受けた。
4) たとえば，森俊之［ほか］「ブックスタート経験の有無が子どもの生活習慣や読書環境等に及ぼす影響」『仁愛大学研究紀要人間学部篇』第10号，2011年，pp.61-67。藤井伊津子「子育て支援としてのブックスタートの有効性－T市における母親の意識調査－」『吉備国際大学短期大学部研究紀要』第39号，2010年，pp.1-12など。
5) Barrie Wade, Maggie Moore, 'Children's early book behaviour,' "Educational Review," vol48, Issue3, 1996, pp.283-288, および, Barrie Wade, Maggie Moore, 'Home activities: The advent of literacy,' "European Early Childhood Education Research Journal," Vol4, No 2, 1996, pp.63-76.
6) Barrie Wade and Maggie Moore, 'An early start with books: literacy and mathematical evidence from a longitudinal study,' "Educational Review," Vol.50. No.2, 1998, pp.135-145.
7) Margaret Hardman and Lynn Jones, 'Sharing books with babies: evaluation of an early literacy intervention (1),' "Educational Review," Vol.51. No.3, 1999 pp.221-229.
8) Cathy Burnett et al., 'The Contribution of Early Years Bookgifting Programmes to Literacy Attainment: Executive Summary,' Centre for Education and Inclusion Research, Sheffield Hallam University, added Jul 9, 2014, http://fileserver.booktrust.org.uk/usr/resources/1126/final-execsummary-bookgifting-lit-review.pdf ('15.1.24現在参照可)。
9) NPO法人ブックスタート調べ。NPO法人ブックスタート「実施自治体一覧」2014年1月31日, http://www.bookstart.or.jp/about/ichiran.php ('15.1.24現在参照可)。
10) 現在，ブックスタートに参加する自治体は，育児支援策として予算化し，それぞれの自治体での取り組みにそったブックスタートパックをNPOブックスタートから購入している。
11) 同図書館では，その後，『このほんよんで！追録版』（2006年），『このほんよんで！第2版』（2010年），と継続している。乳幼児向けだけではなく，『小学生にすすめる本』（2005年），『子どものための調布のむかしばなし』（同）なども作成。専門性の高い経験豊かな児童図書館員が中立の立場で作成するブックリストの先駆けとなり，この取り組みは，その後，全国の図書館に広がっていった。
12) わが国における児童図書館員が作成した読み聞かせのためのブックリストの嚆矢となるもの。現在では各図書館がそれぞれで工夫したブックリストを作成し，配布，HP上で公開することが普及している。
13) ペープサートとは，厚紙に登場人物や動物の絵を描き，切り抜いて棒につけた人形で，これを動かして演じる人形芝居である。図書館の集会活動では，主に子ども会で演じられ，専門の人形劇団やボランティアが演じるだけでなく，子ども自身が人形を制作して発表することのできるプログラムである。
14) たとえば，「くらしナビ・ライフスタイル：ぬいぐるみ，図書館にお泊まり "分身" がつなぐ子どもと本」『毎日新聞大阪』2014年1月25日付朝刊20面や，「夜の図書館 お楽しみ ぬいぐるみ お泊まり会 演奏会や謎解きゲーム」『中部読売新聞』2014年1月14日付朝刊32面など。
15) 高橋徹「私の僕のぬいぐるみ 夜の図書館 夢の大冒険」『日経流通新聞』2013年6月5日付16面。

5 読み聞かせ・ストーリーテリングの意義と資料およびその実際

　本章では，図書館員が，本と子どもとをつなげるためにさまざまな方法を用いるなかで，読み聞かせとストーリーテリングについて学習する。どちらも子どもを文字の難易に左右されずに本の世界へと誘うものである。読み聞かせは，聞き手に絵本を見せて，絵と言葉から絵本の世界へと聞き手を導くのに対して，ストーリーテリングでは，語り手は物語を覚え，言葉だけで聞き手を物語の世界へ導くというちがいがある。その内容と実施方法を理解したうえで，自分でも実際におこなってみるとよい。身近な公共図書館や地域でおこなわれるおはなし会に参加して，経験豊かな図書館員やボランティアたちの実践を見ることも理解を深める一助となろう。

第1節　読み聞かせ

a. 読み聞かせの意義と極意

　読み聞かせは，読み手が聞き手に上手に本を読むことではなく，読み手と聞き手とが本を通して生きたコミュニケーションをおこなうことが主眼である（写真5-1）。図書館員は，子どもだけでなく，あらゆる年齢層を対象に読み聞かせができる必要がある。目的，対象，場所を考慮し，適切な選書をし，十分に練習して実施する。主役は聞き手であり，俳優のような表現や"受け"を期待する必要はない。聞き手は，目の前で自分たちのために本を読んでくれる

写真5-1　読み聞かせの光景（日野市立図書館）

「人」がいること，その「人」の温かく心のこもった声を聞き，お話の世界を楽しみ，心を揺さぶられる。読み手は，その聞き手の姿に刺激されて，楽しいお話の世界を共有することができる。読み聞かせは，読まれる本が聞き手にとってその本との初めての出会いだとすれば，失敗するとやり直しがきかない。聞き手が，もう一度その本と出会いたいという気持ちになるように修練を積むしかない。選書や練習が重要である。自分が好きな本を選ぶのではなく，聞き手の心の奥に喜びを届けられる本を選ぶ。選書には十分に時間をかけることが大切である。こうして選んだ本は，読み聞かせの前に必ず声を出して読んでみる。音読をおこなうことで，発音しにくいところや登場人物の誰の発話かがわかりにくいところなどを確認しながら，ストーリーだけでなく，絵の図柄や配置されたページなどを覚えてしまうほど身体にたたき込むのがよい。声に出して読む練習は，10回以上はおこないたい。十分に読みこんだら，今度は本を手にもって，聞き手への見せ方も考えて練習する。

b. 読み聞かせに適する年齢

　児童図書館員には，何歳から読み聞かせを始めればよいかという質問が多く寄せられる。読み聞かせで，「絵本」を選んではいけないという年齢はない。ヤングアダルトも大人も，何を，いつ，どのような目的で読むのかを読み手が正しく判断できれば，聞き手の反応や結果はよいものになるだろう。親から子どもに，兄や姉から弟や妹に，祖父母から孫に，教師から生徒に，上級生から下級生に，PTAのボランティアから在校生に，地域のボランティアや児童図書館員から近隣の子どもたちになど，読み手は多彩であり，同様に聞き手の年齢や国籍も問わない。

　読み聞かせは，家庭，図書館，学校，保育園，幼稚園，公民館，病院，養護施設や老人介護施設，矯正施設など，いたるところで定期・不定期におこなわれている。多人数から一対一まで，場所の広さや環境もさまざまである。電車内で赤ちゃんがぐずり始めたとき，ボードブックをマザーズバックからすぐに取り出して，読み聞かせを始める母親も見かけられる。準備さえしてあれば，いつ，どこで，誰にでも読み聞かせをおこなうことができる。

c. 図書館業務と読み聞かせ

　図書館では，録音資料として読み聞かせに適したテープやCDなども収集する。大人や視覚に障がいのある人々にも利用される。タイトルが豊富にあり，読み手も有名な俳優やアナウンサーであり，何度もくり返し聞くことが可能である。小さな子どもでも，内容を理解し，ストーリーの展開に追いついていけるよう，ゆっくりと明瞭に読まれているものを選びたい。しかし，読み聞かせの生身の人間の声から伝わる豊かな感情やぬくもりにはかなわないところがある。

　児童図書館員は，ボランティアや近隣の学校関係者，児童教育関係者らに読み聞かせのアドバイスができるようになることが期待される。経験と修練を積むことが重要だが，そのためにも，読み聞かせのあとでの反省会は欠かせない。児童図書館員同士で，練習をしあい，学習を継続し，意見を交換し，読み聞かせごとに記録を残すことが大切である。誰が，いつ，どこで，誰に，何を読んだのか。聞き手の様子や反応はどうだったのか。読み手の反省点やコメントだけでなく同僚からのコメントも記録したい。このノートは読み聞かせに関係する人がいつでも手に取って見られるような状態にしておきたい。

　参考のため，「読み聞かせ記録シート」のフォーマットを作成したので，活用していただきたい（巻末資料5）。

d. 読書指導の講習会

　月齢に達している赤ちゃんに，親や兄姉，周りの大人たちはごく自然に声かけをしている。この声かけに，赤ちゃんは，言葉の意味を理解して笑ったり，手足をバタバタ動かして喜びを表現したりしているのだろう。子どもの知能との関係から読み聞かせの効果を重視しがちである[1]が，子どもの成績向上ばかりに目が向けられたり，読み聞かせをする時間を確保することや，上手に読み聞かせをすることにストレスを感じたり，子どもの反応に一喜一憂することは本末転倒である。児童図書館員は，ブックスタートやプレママ・プレパパ学級などでの親との出会いの場で，このことを伝えていく必要がある。家庭で赤ちゃんに声かけをすることと同様に，読み聞かせを

することになんの問題もない。このことは，前章で扱ったブックスタートの理念からも明らかである。

児童図書館員は，幼児教育や児童教育や学校教育の現場を訪問することも多い。講習会を担当するときは，読み聞かせは，勉強であると同時に喜びであることを，教師に伝えることが大切である。保育園から高等学校までの教員に，それぞれが子どもと出会う初日から読み聞かせをしてもよいのだということを伝えたい。

公共図書館では自治体や教育委員会などと連携し，ボランティアとして活動する人々への啓発として読み聞かせの講習会を実施したりパンフレットを作成し配布したりしている[2]。図書館報や広報を通して図書館行事や講習会の情報を発信し，参加を呼びかけたい。

第2節　読み聞かせの実際

読み聞かせを上手におこなうには，もちろん，相応の準備と練習が必要である。巻末に読み聞かせの学習プロセスを自己確認するワークシート（巻末資料6〜9）を収載しているので，これらを活用して本番に臨んでほしい。

a. 準　備

読み聞かせは，自分が読みたい本を聞き手に読むことではない。誰に何を読むかを十分に考えて準備することが大切である。選書が重要である。聞き手が大勢であれば，できるだけ多くの聞き手に対応した最大公約数的な選書をすることが求められる。読み聞かせの時間中，始めから最後まで静かに集中して聞くことは，子どもにとっては想像以上に大変である。途中で，集中が途切れて，騒いだり歩き出したりする子どもが出始めると，ほかの子どもも集中できなくなってしまう。これを防ぐために，前述の「読み聞かせ記録シート」で，すでに何度も読んでもらった絵本ではないか，聞き手の読書能力に適した絵本であるか，以前，同じ本を読んだときの聞き手の反応や，注意事項があるかなどを確認する。また，参加する子どもがなかなか集中できない場合に備えて，手遊びや，わらべうたなどを入れられるよう準備しておくとよい。

毎年，さまざまなブックリストが多数出版され，選書ツールには事欠かない。そのなかには新進絵本作家や話題の絵本も紹介されているが，ここでは，文を読まずに絵だけをじっくりゆっくり見ること，長く読み継がれている出版後25年[3]以上の絵本（すなわち読み手も子どものころに読んでもらった経験がある絵本）を選ぶことを推奨したい。そのうえで，ある程度の大きさがあり，遠くからでも絵がよく見え，一場面の文の量がなるべく少なく，話についていく子どもの心の動きと場面変化のペースがちょうど合うもので，場面割りが文と絵で一致して見開き一場面となるような絵本を選びたい[4]。巻末資料6で選書のプロセスを確認してみよう。

b. 練　習

聞き手に適したプログラムを準備し，さらに十分な練習があって，はじめて聞き手の前に立って読み聞かせができる。くり返しになるが，声に出して読む練習は，10回以上はおこないたい。

もう一度，読んでもらいたいと感じてもらえるようにしたい。

練習のポイントを次の5つの柱のもとに整理し，巻末の評価シートを作成しよう（巻末資料7）。
- プログラム：本の組み合わせと読む順番を考える
- 絵本の持ち方：正しく本を持ち，ページをめくる練習もしておく
- 絵本の読み方：子どもの年齢や読む場所によって対応を考えてよい
- 声の大きさ：普段から声の出し方に気を配っておくとよい
- 読み終わりかた：よい余韻がのこるような読み終わり方をする

この評価シートを用いて練習し，自分で，あるいは，グループをつくって互いに評価しあってみるとよい。そのうえで，あらためて準備の確認をするとよいだろう（巻末資料8）。

c. 会　場

会場は，子どもの座る位置が読み手を中心とした扇形（90～100度位）に設営し，入口を背にして着席してもらう。すべての子どもたちに絵本がよく見えるように，読み手の声が最後列まではっきりと聞こえるように，読み手のもつ絵本の高さが子どもの目線より少し上になるように，椅子に座るか立って読むかを決める。窓や照明の位置が絵本に反射あるいは逆光にならないか同僚に確認してもらう。また，子どもの気が散るものをおかないようステージ上も確認する。

設営ができたら，本の持ち方，ページのめくり方，読み方，服装などについて，第三者からも確認してもらうようにする。子どもが絵本に意識を集中することを妨げるような奇抜な恰好や，髪型や服装の乱れ，派手な身振り手振りなどがないように心を配りたい（巻末資料9）。

無事に読み聞かせが終了したら，記録を残すこと，自己満足に終わらせずに，第三者や同僚など仲間からのコメントももらい，今後の読み聞かせに役立てるようにしていきたい。

第3節　ストーリーテリング

a. ストーリーテリングの経緯

図書館では，子どもたちに物語を語って聞かせるストーリーテリングがおこなわれる。ストーリーテリングで語られる物語は，昔話や短い創作物語である。欧米の図書館における児童サービスの1つとして紹介されたストーリーテリングは，わが国でも急速に広まった。

私たち人類が誕生して以来，伝承文学という神話，伝説，英雄物語，昔話，寓話，笑い話，空想物語，物語，伝記，詩などを通して，私たちの周りには語りの文化が継承されてきた。語りや伝承は，人類が文字や記録メディアのない時代からおこなってきた行為である。グーテンベルクの活版印刷術以前は，読書といえば，文字の読める人が読み上げ，周囲がそれを聴く音読がもっぱらであったし，テレビが出現する以前は，人々の娯楽はラジオを聴くことで，文字の読めない人々も楽しむことができた。ストーリーテリングはこうした流れの上にあるといってよい。

欧米の公共図書館では，児童サービスの初期のころからおはなし会をおこなってきた。おはなし会は，本を読む楽しみを発見する以前に，豊かで，複雑で，細やかな仕組みの社会があること

を知り，一緒に聞く仲間たちと安心して新しい世界へ入る喜びを味わう場である。そこで語られるお話が，子どもの生活の中心である。小学校に入学して知識の体系を学びはじめるよりずっと前に，大人たちによって語られるさまざまなお話から，自分が属する民族の遺産，伝統，儀式，出来事などにかかわる感性，そして，身近な人々から伝わることばを耳にする感覚，神話や民話，言語など，自分と自分の家族や仲間のおかれた文化的背景に関する意識をもつようになる。ストーリーテリングを通して，子どもは社会の常識や価値観を共有して成長していく。

b. ストーリーテリングの意義

ストーリーテリングの聞き手は，幼児から高齢者までと幅広く，語られる場所も，図書館内の「おはなしの部屋」から学校，幼稚園，保育園，公民館，病院，高齢者福祉施設など，語り手と聞き手が存在する場所であればどこででも楽しめる（写真5-2）。

聞き手にとっては，絵本の絵の固定されたイメージの世界に縛られることなく，自由に想像を膨らませて，物語の世界を楽しむことができる。また，視聴覚資料の機械的な音声ではなく，人間の声のもつ温もりと，自分のために物語が語られているという愛情を感じることができる。

写真5-2　ストーリーテリングの光景（日野市立図書館）

語り手は，物語を覚え，練習する時間を費やす準備の負担があるが，直接，聞き手の反応を目の当たりにできる醍醐味と満足感を得ることができる。聞き手と語り手との間に，信頼感があることが重要である。

聞き手の理解を助けたり，注意を集めたりする工夫として，画像（スライド，紙芝居，絵本や本の挿画）や音声（CD, DVD）などを活用したいと考える語り手もいるだろう。しかし，街なかだけでなく家庭までも，情報機器から映像や音声が洪水のように溢れ出る現代社会にあって，図書館が「おはなしの部屋」を整備し，そのなかで語られる書物の世界を，その場に集った人々とゆったりと楽しめるひとときを提供できることの意義深さにも気づいてほしい。

c. ストーリーの選択

活字やCDなどの音声メディアとちがって，ストーリーテリングでは，一度きりしか語られない語り手の言葉に集中することが求められる。そのため，聞き手が理解できる内容であるかどうか，聞き手が集中できる時間の長さであるかどうかを検討して，物語を選ぶことが重要となる。

おはなしは，ストーリーテリングを目的にまとめられた本のなかから選ぶこともよい。しかし，原作に忠実なテキストを選びたい。長年，人々に愛され続けてきた物語には言葉の美しさ，ストーリーの展開の妙がある。数世紀にもわたる伝承文学もある。これらのなかから広く選ぶことができる。長いものであれば，適当なところで区切り，続き物として連続してよいし，一部分だけを語ってもよい。そのときに集まった聞き手に合ったお話を，臨機応変にレパートリーから取り出しておこなえるようになるには，相当の年月と経験を要するものである。

初心者は，1冊ずつ時間をかけて自分のレパートリーを増やしていくようにしたい。よい物語には，繰り返し自分で語り，仲間の語りを聞くことで，時間をかけて出会うものである。

　ストーリーテリングに適した物語を選ぶ際には，巻末のストーリーテリング用「選書のための確認シート」（巻末資料11）を活用したい。そして，次の点に留意したい。

①語り手が大好きな物語であること：ストーリーテリングでは，おはなしを覚えることが求められる。語り手自身が大好きな物語であれば，暗記や練習のプロセスはそれほど苦痛にならない。

②単純で，時系列の明確なおはなしであること：聞き手は耳から入る情報だけをたよりに，物語の内容や展開を理解していく。場面がひんぱんに転換する物語は，聞き手が語り手のペースを追いかけていくのが精一杯になり，頭のなかで物語の世界を想像して楽しむことに難がある。

③誰でもわかりやすい言葉で書かれたおはなしであること：聞き手が，語り手の語るペースで物語を楽しむのだから，聞いた言葉の意味を聞き手がすぐに理解できることが大前提である。むずかしい表現や用語が出てきたときに，語りを止めて，説明をすることはできない。物語を選ぶとき，文字を読むだけで判断するのではなく，声に出して耳から聞いてむずかしい言葉ではないかを確認する。とくに日本語では，漢字が視覚的に理解を助ける役割を果たしているからである。

④物語に緩急があること：聞き手が，終始，物語の展開にハラハラ，ドキドキすることも醍醐味であるが，それだけでは疲れてしまう。緊張から解放される瞬間があることが大切である。

⑤言葉の繰り返しやリズム感があること：唱え文を繰り返し聞くと，その部分が出てきたとき，語り手といっしょに聞き手が頭のなかや小声で繰り返しのフレーズを楽しむことができる。

　このように，おはなしを語る観点から，さらに聞き手の立場にたって物語を選ぶことが大切である。

　公益財団法人東京こども図書館[5)]では，語り手の育成事業もおこなっている。初心者は，同所から刊行されている『おはなしのろうそく』のシリーズ（写真5-3）から選ぶのもよい。あるいは，同じく『新装版　お話のリスト』[6)]なども参考になるだろう。

写真5-3　『おはなしのろうそく』シリーズ

第4節　ストーリーテリングの練習

a. 準　備

　ストーリーテリングには，十分な時間をかけた準備が必要である。参考のため，準備のプロセスを確認するワークシートを巻末に収載している（巻末資料10〜12）。これらを活用し，語り手と聞き手の双方にとって有意義な時間を創造したい。

ストーリーテリングも読み聞かせのように，大勢の人々がおはなし会で実施している。語り手が変われば語られるおはなしもちがった印象や感動をもたらすかもしれない。おはなし会に集まる人々の構成によって反応もちがうだろう。読み聞かせと同様に，「ストーリーテリング記録シート」（巻末資料10）に記録し，ファイルとして仲間と共有する。

　自分が選び，語った本を，聞き手たちがどのように評価するのかを知ることは，今後，ストーリーテリングのための選書をするうえで役に立つことになる。仲間との話し合いでは，語り方についての評価も大切だが，初学者は，ストーリーテリングに適した本を正しく選ぶことを第一の目標に掲げるとよい。

　聞き手の対象に合った物語を選択したら，内容を理解し，物語を記憶するプロセスに時間をかけたい。聞き手の前では，手元のメモを見ることはないので，しっかりと物語を覚えたい。

b. 練　習

　語り手には，口だけでなく，手，目，体を使った自然な表現が求められる。演技ではないので，大げさな身振り，手振りは必要ない。また，俳優の朗読のように堂々と立派なものである必要もない。語り手の人柄や温かさが，言葉を通して聞き手に伝わることが重要である。物語を覚えたら，声に出して練習し，時間内に終了できるかどうか，時間を計測する。さらに，聞き手の前でおこなうように，仲間の前でリハーサルをしてほしい。自分では気づかぬ癖があることや，立ち方，話し方，声の大きさ，目線などのアドバイスを求めたい（巻末資料12）。

c. 会　場

　図書館によってはおはなしの部屋（第14章参照）を用意して，現実の世界から，おはなしの世界に入る切り替えに，部屋を暗くしてローソクに灯をともす儀式をするところもある。読み聞かせと同様に，語り手の服装や髪型などの乱れには，注意したい。聞き手の視線が，すべて語り手に注がれていることから，余計なところへ聞き手の意識を向けないようにする。

　聞き手は，聞いたばかりのおはなしを家でも大人に語ってもらいたいと思う子どもや，自分で読みたいと思う子どもだけでなく，日常から離れて語りの世界を楽しみたい大人，自分の子どもにも聞いたおはなしを語りたいと思う親，耳から聞いた物語を自分でもじっくり読みたいと思う人などさまざまである。ストーリーテリングが聞き手と本を結ぶことにつながるように企画する。たとえば，終了後に，使用された本を手にとって確認できるよう展示したり，ブックリストや図書館利用案内を準備して手渡したりなど，図書館の本領を発揮したい。

設　問

(1) 読み聞かせをする対象を特定し，その対象に適した絵本を選んで評価しなさい。900字程度でまとめなさい。

(2) グループで，ストーリーテリングに適した本を1冊ずつ持ち寄り，それらを評価しなさい。その際，実際に内容を覚えてストーリーテリングをおこない，わかりやすい言葉で書かれているか，主人公

の心の動き，話の展開，場面の描写などが，耳で聞いただけで内容を理解し，ストーリーの進行に聞き手が容易についていけるのかどうかを話し合いなさい。

参考文献
1. 竹内悊編訳『ストーリーテリングと図書館 スペンサー・G・ショウの実践から』日本図書館協会，1995年。（ストーリーテリングの古典であり，初学者にとっての必須入門書）
2. エリン・グリーン著；芦田悦子［ほか］訳『ストーリーテリング その心と技』こぐま社，2009年。（ストーリーテリングの歴史もふまえ，著者であるグリーン氏の長年にわたる豊富な指導経験から書かれた入門書であり，すでに実践している人だけでなく，子どもをもつ人や子どもにかかわる仕事につく人々にも参考になる。身近に指導者をもたない入門者には，詳細な内容が助けになるだろう。本書では紙面の都合で記述できなかった部分もあり，ストーリーテリングへの理解を深めるために一読することをお勧めする。）
3. 松岡享子『お話とは』東京子ども図書館，2009年。（東京子ども図書館で，多数出版されているストーリーテリング関連書籍のなかの一冊）

注）
1) ドロシー・バトラー著，百々佑利子訳『クシュラの奇跡—140冊の絵本との日々』のら書店，2006年，p.239。
2) 地域で開催されている読み聞かせ講習会に参加したり，ボランティア養成のための教材やパンフレットを入手して，実際に自分で読み聞かせをおこなえるように学習を進めること，さらに地域のボランティアに参加して，実際に自分で読み聞かせをおこなう場を見つけることも児童サービスへの理解を深める一助となるだろう。ボランティアに配布されるパンフレットの一例を紹介する。子どもが本に親しむためのプロジェクト大作戦実行委員会・冊子班編『本の世界をひろげよう：読み聞かせボランティアハンドブック』NPO法人横浜市民アクト（横浜市社会教育コーナー），横浜市教育委員会，2006年，24p。
3) 松岡享子（注5を参照）は，「絵だけで物語のだいたいのところがつかめ，主人公の性格や，話の雰囲気がわかり，その絵がいろいろ自分に語りかけてくれるようであれば，その絵本は，絵本としてまず及第」で，「時の試練を経て今日まで生きつづけ，一冊の絵本が，二十五年間——ということは，五つの子どもが，同じ年の子どもの親になるくらいの年月——つづけて出版され，子どもたちからかわらぬ愛着をもってよまれたとすれば，それは古典となるべき可能性を多分にもっている」と選書の善し悪しを見極める極意を紹介している。松岡享子『えほんのせかい こどものせかい』日本エディタースクール出版部，1987年，pp.51-56。
4) 同上，pp.103-111。
5) 公益財団法人東京子ども図書館（理事長：松岡享子）は，1974年に設立した子どもの本と読書を専門とする私立の図書館である。石井桃子のかつら文庫，土屋滋子のふたつの土屋児童文庫，および，松岡享子の松の実文庫を母体としている。児童室，資料室を擁し，読書普及，調査・研究活動，講習会，おはなし会，人材育成，出版など，子どもと本を結ぶための事業を多角的におこなっている。「東京こども図書館のホームページ」http://www.tcl.or.jp/（'15.1.24現在参照可）。東京子ども図書館には内外の研究書や雑誌など多数所蔵があり，専門の図書館員が研究者や実践者へのレファレンスに応じている。また，児童図書館員，学校図書館員，教師，保育者，児童館職員，文庫関係者，おはなしボランティア，学生など，子どもにおはなしをする必要のある人を対象に，おはなしの講習会やおとなのためのおはなし会の実施，講師派遣，関連図書の出版など，ストーリーテリングの啓発と普及活動をおこなっている。
6) 『お話のリスト』（新装版）東京こども図書館，2014年。

6 本の紹介（ブックトーク）の効果と実演

　本と人とを結ぶための一方法としてブックトークを取り上げる。ブックトークは，前章で扱った読み聞かせやストーリーテリングと並んで，児童サービスの主要な活動の1つにあげられるが，この2つと何がちがうのかを認識することから始めよう。ブックトークは，児童図書館員としては必ず修得しなければならない技術（『最新図書館用語大辞典』柏書房）といわれている。本章では，実際にブックトークの計画を立案し演じてみるまでを各自でおこなってほしい。

第1節　ブックトークとは

　ブックトークは，米国の公共図書館でおこなわれていた活動が，米国で図書館員として勤務した経験をもつ日本人関係者ら[1]によって，およそ半世紀前にわが国に紹介されたものである。

　ブックトークとは，ある1つのテーマにそって数冊の本を，順序よく，上手に紹介することである[2]。幼い子どもよりも小学校3年生くらいより上の年齢が対象となる。集団を対象におこなうが，レファレンスサービスやフロアワークで個人や少人数を対象におこなう場合も含む。

表6-1　ブックトークの目的

①本を読みたいという気持ちを喚起する
②本の内容ばかりではなく，著者や関連分野にも関心をもたせる
③図書館という場所への関心をもたせる
④図書館には多種多様な本があり，図書館員は，本に関する深い知識のもち主で，本を探すときに頼りになることを伝える

表6-2　ブックトークの目標

①紹介した本をぜひ読みたいという気持ちにさせる
②紹介した本の著者がほかの作品も多く出していることを認知させる
③取り上げた本と同じテーマで関連する本がほかにもあることを認識させる
④そこで働く図書館員（ブックトークをする人）が本に対して深い愛着や幅広い知識や興味をもっていることを聞き手に印象づける

　ブックトークの主眼は，あくまでも本の紹介であり，本の内容やあらすじを伝えることではない。読みたいと興味をもって本を手にとってくれれば成功といってよい。児童サービスの1つとしてブックトークをおこなう目的と目標を表6-1と表6-2に整理した。

　なお，ブックトークを児童サービスだけでなく，成人や高齢者サービスとして提唱する意見[3]，あるいは，大学でおこなわれる高等教育の授業効果を高める簡便な手段として考察する研究[4]もあり，その可能性は児童サービスの枠を超えて広がりつつある。

第2節　ブックトークの計画

　子どものころ，ブックトークを誰かにしてもらった体験はあるだろうか。身近な公共図書館の行事に参加して，図書館員が実際におこなうのを見るのがなんといっても早道である。ブックトー

クの計画をたてる前（以降の節を読む前）に，自分の目で実際に見ておくことが必要である。そのような機会に恵まれない場合には，視聴覚資料5)などで理解を深めておいて欲しい。

a. ブックトークの立案

ブックトークの計画を立案するプロセスは表6-3のとおりである。①の対象と目的を明確化する作業は，②のテーマの妥当性を確保するためにとくに大切である。「本を紹介する目的」とは，たとえば，学校に招かれて授業の一環としておこなうなら，その時間が子どもたちの学習過程のなかでどのような位置づけにあるのかをあらかじめ知っておくといったことである。時間は子どもの場合は30分以内とする。大人ならそれ以上でもよい。②のテーマは，たとえば，夏休みが近づいたら「夏」とか，オリンピック年なら「スポーツ」とか，対象が身近に感じられるものを選ぶとよい。その際，何を「メッセージ」としてもって帰ってもらうかを考える。

③の選書は最も重要である。多くの本を紹介したいだろうが，10冊以上になると聞き手の印象は薄れてしまう（子どもの場合には5～7冊までとする）。人気があって紹介しなくとも自然と手に取られるような本はこの際省く。自分が好きな本を選びがちだが，日ごろ，あまり利用されないが，この機会に利用してもらえるとよいものを紹介したい。いつも絵本しか興味を示さない子には，図鑑，写真集，知識の本など，役に立つおもしろい本がたくさんあることを伝えたい。1つのジャンルに偏らないよう，多様な種類の本を選ぶことが肝心である。

つぎに，なぜ，そのテーマを選んだのかを常に意識し，④選んだ本をどのような流れで取り上げるとメッセージが伝わりやすいかを考える。順番が大事である。選んだ本に重複がみられる場合は別なものに差し替える。一冊ごとにちがう紹介方法を考える。自分が気に入った部分はどこか，それを他者にどう伝えると自分の感動が伝わるのかを考える。その本を選んだ理由を述べることは必要ない。小道具（本の内容に合った小物，写真，地図，新聞や雑誌の記事など）を準備することやクイズやゲームをすることも効果的である。写真や絵が小さかったり，記事をみんなで読みたいときは，拡大投影機を準備しておくとよい。ただし，準備した小道具類は見えないようにしておくこと。聞き手にとって，「次は何が出てくるかな？」とワクワクしながら期待感をもって聞けることが大切である。すべての本を紹介し終わったときに，伝えたかったメッセージが相手の心に残るかどうかが勝負である。最初にテーマと伝えたいメッセージを明確に述べるとよい。

表6-3 ブックトーク立案のプロセス

段　階	説　明
①対象と目的の明確化	年齢，人数，場所，時間，本を紹介する目的を明確にする。
②テーマの設定	テーマを決め，そのテーマから聞き手に何をメッセージとして伝えたいかを明確にする。
③選書	聞き手の年齢と人数，場所などの環境を考慮し，テーマがはっきりしている適切な本を選ぶ。与えられた時間の範囲で終了するような冊数を選ぶ。
④紹介順序の決定	選書した本をどのような流れで紹介すると，メッセージが伝わりやすいのかを考える。
⑤シナリオの作成	紹介順序にしたがって，あらすじ，読み聞かせ，写真，小道具，クイズ，体験談など，それぞれをどのような方法で紹介するのがよいかを考える。

制限時間内に終えられるよう，必ず，⑤シナリオをつくる。ただ「最初の本は…」「次の本は…」というシナリオでは，対象の興味をひくことはできない。選んだ本が，なぜ，この順序になるのかを考えれば，前後をつなぐ言葉が自然に導かれるはずである。この言葉をうまく選ぶと，聞き手の"ワクワク感"を誘うことができる。ベテランの技に学ぶとよい。紹介の仕方もいくつかの技がある。すべての本のあらすじばかりを聞かされても，聞き手は退屈するばかりである。読み聞かせをしたり，写真を見せたり，小道具を使ったり，クイズをだしたり，体験談を話したりと，いわば多様な手練手管(てれんてくだ)を駆使する。シナリオには，どの部分で小道具を見せるのか，本の何ページを見せるのかなど，詳細にメモを記入しておく。

⑥紹介本のブックリストを作成し，ブックトークを本の利用へと結ぶ。このリストは終了後に配布することが望ましい。聞き手の注意が手元のリストに注がれてしまっては本末転倒である。また，図書館以外にも，子どものための読書関連施設があることを地図や利用案内を用意して知らせるとよい。紹介した本やそのほかの本を読みたいときに，どこへ行けばよいのか，どのようなルールで利用するのかを，児童図書館員として，きちんと伝えることが求められる。

b. ブックトークの練習

出だしでの反応，出題するクイズに返ってきそうな答えなどを予想し，何通りかの準備をする。シナリオを声に出して何度もくりかえし練習する。メモを見ながらブックトークはおこなわない。シナリオを見ないでもできるようになったら，実際に，本と小道具を用意して，スムーズに話せるかくり返し練習する。本の紹介や写真の見せ方はわかりやすいか，あらすじを語るスピードは速すぎないか，あらすじを語りながら挿絵をきちんと見せているか，会場の最後列まで声が届いているか，語尾がはっきりと聞こえているかなど，気がついたことをシナリオに書き加える。時計を用いて，指定された時間内に終了できるよう繰り返し練習する。学校からの依頼でブックトークをおこなう場合は，授業時間内に収めることが厳密に求められることはもちろん，一般でも，制限時間を厳守することが大事である。

練習の最終段階では，同僚の図書館員に演技を見てもらい，アドバイスをもらう。下を向いたままであったり，手元ばかり見ていたりすることがないよう注意し，聞き手とアイコンタクトができるようにしたい。

第3節　ブックトークの実際

「ブックトーク準備シート」（巻末資料13）を作成したので，立案から実際までのチェックリストとして活用してほしい。

ここでは，ブックトークの実際を描いてみたい。事例として想定するのは，児童図書館員が小学校を訪問，読書指導の一環として，「国語」の時間内に司書教諭と協働し，小学校3年生の1クラスを対象に，図書館の利用案内とブックトークをおこなうというものである。

a. ブックトークの準備
① 担当者と確認する（対象となる参加者の年齢と人数，場所，時間，目的など）

　本事例の場合，児童図書館員の役割は，①日ごろ，子どもたちが読んでいる本（絵本や創作文学）以外にも，図書館には多種類の本（写真集，大型本，図鑑など）があることを伝えること，②それらすべてに（取り上げた）テーマに関する情報が収載されていること，③これらの図書は，毎日利用する学校図書館だけでなく，身近な地域の公共図書館や公民館，児童館などでも利用することができること，④図書館を利用するにはルールがあることなどを紹介することにある。

② テーマとメッセージを決定する

　本事例のテーマを「鳥」としてみた。子どもたちのまわりには，身近なペットとして犬，猫，小鳥などがいる。「鳥についてもっと知ろう！」がメッセージである。

③ 本を選定する

　図書館で「鳥」をテーマに扱う本の所蔵調査をおこなう。入手可能なかぎり，他館の所蔵も調査する。件名検索が基本だが，ほかにタイトルやキーワードで検索すると，より多くのジャンルから候補が得られる。多め（10冊以上）に現物を集め，内容と本の種類を確認する。本事例で選んだのは写真6-1の7冊である。図鑑，絵本，創作文学，写真集，シリーズものなど多種類にわたっている。さらに，よい本なのだが，あまり図書館で利用されていないものを一冊含めている。児童図書館員には，このように本に光を当てることも大切な仕事である。

④ 本の紹介方法を工夫する

　テーマが鳥なので，鳴き声の音源や，写真を見せるための拡大投影機を準備する。

⑤ 本を紹介する順番を決める

　冒頭で，聞き手の意識を本の紹介者に向けさせる方法を考える。ブックトークの核となる本や，印象づけたい本は導入か最後にもってくるとよい（後述の c. を参照）。

⑥ 導入，つなぎの部分，締めくくりを考える

　ブックトークの会場で，初めて出会う3年生にまずどのように話しかけるのがよいか。導入

写真6-1　ブックトークで用いる図書の例　左から，藪内正幸［ほか］『鳥のなき声ずかん』（福音館書店），ルース・エインズワース作『こすずめのぼうけん』（福音館書店），ラッセル・E・エリクソン作『新版ヒキガエルとんだ大冒険(1) 火曜日のごちそうはヒキガエル』，鈴木まもる『世界の鳥の巣の本（絵本図鑑シリーズ（22)）』（岩崎書店），鈴木まもる『鳥の巣いろいろ』（偕成社），内山晟『コウテイペンギンのおやこ』（ポプラ社），リチャード・アトウォーター著『ポッパーさんとペンギン・ファミリー』（文溪堂）．

には，聞き手の年齢にあった話題（季節，ニュース，行事）などをもってくるとよい。"鳥つながり"で本を紹介するわけだから，前後で関連性をもつように，つなぎの部分を考える。

⑦　シナリオを作成する

　対象の3年生にも，耳から聞いて理解できるわかりやすい表現やことばでシナリオを書く。クイズの出題，シリーズ本の紹介，写真・挿絵の提示，あらすじの語りなどを文字にして書き出す。会場に関する情報も得ておく必要がある。発声練習はもちろんだが，すぐにページを開けられるように付箋をつけたり，小道具やクイズの出題などで示すフリップボードを作成したりと，事前にしておくべき準備はたくさんある。

⑧　ブックリストや図書館利用案内を準備する

　ブックリストを準備し，終了後に手渡しする。「さあ，本を借りて読みましょう」と強いることは控えたいが，興味をもった本がどこで利用できるかという情報はきちんと伝えたい。

　本事例では，児童図書館員が学校を訪問しておこなうことを想定しているので，訪問先の学校図書館や学級文庫に，ブックトークで紹介する本が足りるよう，団体貸出を利用して準備しておく。配布するブックリストには，所蔵館や所在記号などの情報も含める。3年生になると，地域の図書館を紹介する図書館訪問をおこなう学校も増えているので自分で入手できるかもしれない。

b. ブックトークの当日

　当日は，事前に使いやすい位置に本，小道具などを配置しておく。できれば，シリーズ本，関連本，図書館案内などを持参し，参考のために展示する。読み聞かせやストーリーテリングと同様，聞き手の前に立つ際には，服装や髪型，顔，アクセサリーなど，鏡を見て確認しておきたい。

　終了後は，紹介本のブックリストとともに，図書館利用案内も配布できるとよい。自信をもって自らブックトークを楽しんでほしい。子どもたちの反応はすぐに現れる。終了後，紹介した本を見たいと寄ってくる。本をめぐって声をかけてくる。図書館員として喜びを感じる瞬間である。

c. ブックトークの実演

　本事例では，1冊目に『鳥のなき声ずかん』をもってきた。ウグイスやカワセミなど鳥の鳴き声と絵が紹介された図鑑である。鳥の声の音源を別途準備して，「さあ，これから鳥の声を聞いてもらいます。みんなが聞いたことがある鳥の声かな。鳥の声は，耳を澄まさないと聞き分けるのがむずかしいから，静かに聞いてみよう」と，鳥の鳴き声に集中させる。クイズ形式にして，くり返すことによって聞くことに集中するよう導いていく。

　子どもたちが集中して聞くことができるようになったら，2冊目の『こすずめのぼうけん』をストーリーテリングの手法で語る。3冊目は，「新版ヒキガエルとんだ大冒険」というシリーズもの（全7冊）である。ステージにはあらかじめ7冊セットをそろえて展示しておく。現物を見せながらシリーズであることを伝える。本事例では，第1巻の『火曜日のごちそうはヒキガエル』にミミズクが登場するので，「主人公のヒキガエルのウォートンがつかまったミミズクの家とは，どんな家だったのか調べてみよう」と，4冊目の『世界の鳥の巣の本』に導いていく。同書には世界中の珍しい鳥の巣が紹介されている。紹介したい鳥と巣のページに付箋をつけておく。鳥の

巣を調べる本はほかにもあることを5冊目の『鳥の巣いろいろ』で紹介する。これは大型本なので，4冊目で紹介した鳥の巣を，もっと，はっきりと見せることができる。

ここで，「鳥のなかには，家（巣）をもたない鳥がいます。どの鳥か知っていますか？」とクイズを出す。「みんながよく知っているペンギンは，巣をもちません」と，6冊目の『コウテイペンギンのおやこ』を紹介する。これは，写真集で，子どもたちの大好きなコウテイペンギンの親子の写真がたくさん収載されている。自分の気に入った写真を何枚か選んで付箋をつけておく。最後の7冊目に，『ポッパーさんとペンギン・ファミリー』を紹介する。この本は，創作文学の翻訳で，全181ページある。本の表紙を見せ，あらすじを紹介していくが，その際，子どもたちが理解しやすいように，あらすじの合間に挿画を見せられるよう準備しておく。

設問

(1) 公共図書館などで実際におこなわれるブックトークを見学し，900字程度で報告しなさい。
(2) ブックトークの計画を立案し，友人らに対して実際におこなってみなさい。
(3) 設問(2)で立案したブックトークで紹介した本のブックリストを作成しなさい。

参考文献
1. 越高一夫監修，「この本　読んで」編集部編『ひと目でわかるブックトーク』NPO読書サポート，2012年
2. 鈴木喜代春監修，ブックトーク研究会編『授業が生きるブックトーク：児童書を使った楽しい授業指導案―（新学習指導要領対応版・小学校1年～6年生）』一声社，2011年

注
1) ニューヨーク公共図書館児童部に勤務していた渡辺茂男（1928-2006，のちに慶応義塾大学文学部教授）や，ボルチモア公共図書館勤務の松岡享子（1935-，のちに翻訳家，児童文学研究者。現公益財団法人東京子ども図書館理事長），渡辺同様ニューヨーク公共図書館児童部に勤務していた間崎ルリ子（1937-，ストーリーテリングの紹介者として著名。翻訳家としても活躍。東京子ども図書館理事）などがいる。
2) 教育分野から厳密に定義されたものとして「教師や図書館の専門職員などが，児童生徒学生あるいは広く図書館の利用者を対象に，特定のテーマに関するすぐれた図書群を，批評や解説を試みながら順序よく紹介し，それらの図書の利用を促進しようという目的を持って行う教育活動」（全国SLAブックトーク委員会編『ブックトーク 理論と実践』全国学校図書館協議会，1990年，pp.13-14）がある。
3) たとえば，自治体の職員研修に応用する場面を描いたエッセイ，細井正人「ブックトーク：『新しく自治体職員になったみなさんへ（福祉事務所編）』」（マッセOSAKA公募論文最優秀エッセイ賞受賞エッセイ）『自治大阪』2010年3月，pp.39-42，http://www.masse.or.jp/ikkrwebBrowse/material/files/201003_p39.pdf（'15.1.24現在参照可）は秀逸である。
4) たとえば，大学生の「理科離れ」の傾向に対し，受講生の理科への意欲，興味を高める一助として保育士養成課程において実践した研究（浅木尚実「保育士養成校における学生の理科離れの課題と提言―科学リテラシーとブックトーク―」『淑徳短期大学研究紀要』第50号，pp.83-96）や，教職課程の授業効果を高めるために導入試行した研究（上田理恵子「教職憲法の授業における『ブックトーク』導入の試み」『熊本大学教育実践研究』熊本大学教育学部附属教育実践総合センター，第28号，2011年2月，pp.107-113）がある。
5) たとえば，日本図書館協会企画監修『図書館の達人司書実務編2 子どもと読書・コミュニケーション』[DVD]紀伊國屋書店，2009年。また，笠原良郎，紺野順子企画監修『知と心を育てる読書の教育　学校での読書活動発展のために　第2巻 本を読む楽しさを広げる活動』[DVD]紀伊國屋書店，2006年など。

7 特別な支援が必要な児童へのサービス

　児童のなかには，心身に障がいのある児童もいれば，日本語を母語としない児童もいる。これらの児童も，当然ながら，児童サービスの対象であり，等しくサービスを享受する権利をもつ。しかしながら，たとえば，視覚に障がいのある児童の場合，通常の文字で印刷された資料をそのままでは読むことができないし，聴覚に障がいのある児童の場合，声だけでおこなう読み聞かせやストーリーテリング（おはなし）では楽しむことがむずかしいなど，通常の児童資料とサービス内容では利用に困難をともないやすい（これを「図書館利用の障害[1)]」という）。では，どのような対応をおこなうとよいのであろうか。

第1節　図書館利用の障害とは

　公共図書館では，さまざまな「障害者サービス」が展開されている（本シリーズ第1巻『図書館の基礎と展望』や第6巻『図書館サービス概論』も参照されたい）。障害者サービスというと，心身に障がいのある人々のためのサービスと限定的に理解している人も少なくないが，それはまちがいである。障害者サービスの「障害」とは，「図書館利用の障害（バリア）」のことであり，図書館利用に障害がある人々へのサービスはすべて障害者サービスなのである。したがって，図書館利用に障害がある人々とは，誰か特定の人々をさすものではない。ただし，実際には，図書館利用に障害が生じやすい人々として表7-1のような人々がいるため，主に，これらの人々に焦点をあててサービス内容などが考えられ，実践されている。

　このうち，②の人々に対しては，「障害者サービス」から分化した「多文化サービス」という領域も確立している。また，⑤の人々に対しては，「アウトリーチサービス」の一環としてサービス提供されているケースが多い。

表7-1　図書館利用に障害が生じやすい人々の類型

①視覚障がい，聴覚障がい，肢体不自由，知的障がい，精神障がい，学習障がいなど心身に何らかの障がいのある人々
②日本語を母語としていない人々
③病院に長期入院している人々
④少年院や刑務所に収容されている人々
⑤近くに図書館のない山奥の集落や離島に住んでいる人々

　ところで，なぜ，図書館利用に障害が生じるのであろうか。利用者自身の心身に障がいがあるから，日本語を母語としていないからなど，利用者個人に原因を求める見方があるかもしれないが，これもまちがいである。図書館利用に障害が生じる原因は，図書館側の施設・設備，所蔵資料，サービス内容などに障害（バリア）が多過ぎることにある。すべての人々に，等しく公共図書館を利用する権利がある。図書館利用の障害を取り除き，誰もが等しく利用できる図書館づくりに取り組む責任が公共図書館にはある[2)]。

　図書館利用に障害がある人々には，もちろん，児童も含まれる。上述の①と③は，主に，学校

で特別支援教育を受けている児童と重なる。その人数は，2009年度時点で，学齢期の児童1066万4000人のうち，特別支援学校に約6万2000万人（学齢期の児童の0.58%），小学校・中学校の特別支援学級に約13万5000人（1.27%），通級指導教室に約5万4000人（0.5%）が通っている。このほかに，通常の学級にも，軽度発達障がい（学習障がいなど）の児童が約68万人（6.3%）在籍していると推計されている[3]。また，②は，主に，学校で日本語指導を受けている児童と重なるだろう。その人数は，2012年度時点で，小学校に約1万7100人，中学校に約7600人，高等学校に約2100人などとなっている[4]。さらに，④は，主に，少年院収容者が当てはまる。2012年度時点で，少年院には約3500人が収容されている[5]。

このように，図書館利用に障害のある可能性がある児童は少なくないのである。しかしながら，公共図書館で「障害者サービス」という場合，成人利用者へのサービスが中心となっているのが実情である。また，児童サービスのなかで，図書館利用に障害がある児童へのサービスに積極的に取り組んでいる公共図書館もまだ限られている。わが国の公共図書館界にあって，図書館利用に障害がある児童へのサービスの充実は喫緊の課題といえるのである。

第2節　児童サービスはすべての児童のために

すでに述べたように，児童の図書館利用の障害は，図書館側の施設・設備，所蔵資料，サービス内容などに障害（バリア）があることによって生じる。

施設・設備に関しては，「バリアフリー」（Barrie free）の視点をもって，利用しにくいところがないかどうかを見直し，改善を進めることが必要である。たとえば，ちょっとした段差であっても，視覚障がいのある児童や車いす利用の児童にとっては障害（バリア）になる。バリアになりやすい箇所は，階段，トイレ，閲覧机，書架，館内案内図・サインなど多岐にわたる。バリアを見つけ，改善につなげていくためには，児童本人（とその保護者）に利用しにくい点についてアンケートをとって意見を聞いたり，図書館員自身がアイマスクや車いすなどを利用して実際に館内を移動してみるとよい。バリアフリーは，図書館利用に障害がある児童のための特別な取り組みという意識でいると，なかなか改善は進まない。施設・設備にバリアがない図書館は，誰にとっても利用しやすい図書館なのであり，「特別」という意識から「当たり前」という意識に転換することが欠かせない。なお，近年，新築の公共図書館では，初めからバリアをつくらない「ユニバーサルデザイン」（Universal Design）の視点で施設・設備を整備するケースもある。

所蔵資料に関しては，通常の文字で印刷された資料の読書に困難をともないやすい児童（たとえば，心身に障がいのある児童や日本語を母語としない児童）の読書特性に応じた資料（これを「バリアフリー資料」という）を収集することが必要である。

児童向けのバリアフリー資料には，よく知られている点字資料や録音資料のほかにも，拡大文字資料，やさしく読める図書（LLブック），マルチメディアDAISY（デイジー）（Digital Accessible Information SYstem），さわる絵本（手で読む絵本），布の絵本，手話つき絵本，外国語資料などがあ

る（第3節で詳述）。しかし，バリアフリー資料は市販されているものがまだ少なく，多くは公共図書館内で図書館協力者やボランティアの協力を得て製作[6]しているのが実情である。しかも，製作されているバリアフリー資料のタイトルは，成人向けのものが中心で「子ども向け資料が全国的に足りていない」[7]との指摘もある。

　なお，心身に障がいのある児童や日本語を母語としない児童であっても，通常の文字で印刷された資料をまったく利用できないわけではない。ただし，利用のためには，対面朗読など，それぞれの児童のニーズにあったかたちでのサービス内容の工夫が必要となる。

　サービス内容に関しての主な留意点を整理すると，次のようになるだろう。

①視覚障がいのある児童：読書特性に応じて，本章第3節で紹介する資料の収集，提供と，対面朗読などのサービスや，音声読み上げ装置や拡大読書器などの機器類の整備が欠かせない。

②聴覚障がいのある児童：声に依存する読み聞かせやストーリーテリングは，そのままでは楽しむことがむずかしい。たとえば，大阪府枚方市立図書館のように「手話で楽しむお話会」をおこなうところもあるが，まだ少数の館にとどまっている。

③肢体不自由のある児童：車いす利用の児童にとっては，すでに述べたように，館内の移動がスムーズにできるように施設・設備のバリアフリー化が欠かせない。また，手の機能に障がいのある児童にとっては，ページめくり機などの機器類の整備も必要である。障がいが重度の重症心身障がいといわれる児童のなかには，施設や自宅で寝たきりの児童もいる。こうした児童のもとには布の絵本などの資料を郵送貸出ないし宅配したり，施設との連携のもと，定期的に訪問して読み聞かせをするなどの対応も求められる。

④知的障がいや学習障がいのある児童：読書特性に応じて，本章第3節で紹介する資料の整備が重要である。また，彼らの認知特性をふまえて，五感に訴える活動をおこなうと，より一層楽しむことができる。たとえば，歌や手遊びを取り入れた読み聞かせやストーリーテリング，ペープサート，パネルシアターなどである。

⑤日本語を母語としない児童：楽しんで読むために，そして，母語の保持と日本語の習得のために，多言語で書かれた児童資料とやさしい日本語で書かれた児童資料（LLブックなど）の両方の整備が欠かせない。また，多言語での読み聞かせやブックトークも有効である。サービスを進める際には，事前に当該館のサービス対象の言語別人口を把握することが重要である[8]。

⑥病院に長期入院している児童：入院しているために，公共図書館へのアクセスそのものが困難になる。大きな病院の場合，院内に「患者図書館」が設置され，そこが児童向け資料の収集，提供や読み聞かせ，ストーリーテリングなどの児童向けサービスを展開していることもある。しかし，そうでない場合には，地域の公共図書館が入院児童のためにサービスを提供する必要がある。具体的には，公共図書館が小児科病棟などに定期的に出向き，資料の貸出のほか，読み聞かせ，ストーリーテリング，紙芝居などの活動をおこなう。

⑦少年院に収容されている児童：少年院に収容されている児童も公共図書館へのアクセスは困難である。ある調査[9]によると，2005年の時点で，回答のあった22の少年院には平均して1施

設当たり 5000 冊の資料が所蔵されている。ところが，地域の公共図書館から団体貸出などのかたちで資料を借り受けている少年院は 2 施設にとどまり，団体貸出の制度があることを知りながら利用していなかった少年院が 11 施設，団体貸出の制度自体を知らなかった少年院が 9 施設もあった。この調査結果からは，多くの少年院が公共図書館と接点のないことがわかる。まずは，公共図書館の側から少年院に働きかけて接点をつくることが第一歩といえるだろう。

第3節　児童の読書特性に応じたさまざまなバリアフリー資料

図書館利用に障害のある児童の読書特性を整理すると，表 7-2 のようになる。これらの読書特性をもつ児童にとっては，次に紹介するようなバリアフリー資料が適している。各種のバリアフリー資料は，特定の児童にのみ有効なのではなく，表 7-3 のようにさまざまな児童が利用できる。さらにいえば，いずれの資料も，図書館利用に障害のない児童も一緒に楽しむことができる[10]。

主なバリアフリー資料の概要を紹介しよう。

①点字資料：原資料の内容を点字で複製した図書や雑誌。視覚障がいの児童のなかでも「全盲」の児童が主に利用する。児童向けの市販点字雑誌としては，『テルミ』（隔月刊，財団法人日本児童教育振興財団）がある。

②録音資料：原資料の内容を音声で複製した図書や雑誌。DAISY という国際標準規格の CD 形態のものが主流。点字資料と録音資料のデータは，公共図書館では，「サピエ」[11]（会員制）からダウンロードして収集，提供することが可能。

表 7-2　図書館利用に障害のある児童の主な読書特性

a．視覚障がいのある児童	「全盲」の場合，視覚を通した読書は困難であり，触覚や聴覚を通した読書が必要となる。「弱視」の場合でも，視覚を通した読書には困難がともないやすい。
b．聴覚障がいのある児童	生まれつき聴覚障がいがあると，耳からの言語習得に困難をもつため，擬音語の習得などを苦手とする人もいる。また，音声言語である「日本語」とは文法体系や表現形態の異なる「日本手話」を第一言語（母語）とする人も少なくない。そのため，「日本語」で書かれた文章に読みにくさを感じるケースもある。
c．肢体不自由のある児童	手の機能に障がいがあると，資料をもったり，ページをめくることが困難な場合がある。また，不随意運動をともなう脳性まひの児童では，頭が勝手に動いてしまい，視線が定まらず文字を追うことが困難な場合が多い。
d．知的障がいのある児童	知的な発達の段階は児童によってさまざまである。発達にあった資料の用意と適切な支援さえあれば，どんな発達の段階にあっても読書を楽しむことができる。ところが，周囲の人々が"知的障がい＝読めない"と誤解しているケースが多く，この誤解が読書を阻害する要因となっている。
e．学習障がいのある児童	知的な発達や視力には問題がないにもかかわらず，読みに困難を示すケースをとくにディスレクシアという。ディスレクシアの児童は，文字が逆さまに認識されたり，歪んで認識されてしまうなど，著しい読みにくさを感じている。中枢神経系の機能障がいが原因と推定されている。
f．日本語を母語としない児童	楽しんで読むために，母語の保持と日本語の習得のために，母語で書かれた資料とやさしい日本語で書かれた資料の両方のニーズをもっている。

③拡大文字資料：原資料の文字を拡大して複製した図書や雑誌。印刷された大活字本と手書きの拡大写本がある。児童向けには，「青い鳥文庫」（講談社）の大活字版である「大きな文字の青い鳥文庫」（読書工房）が市販されている。

④やさしく読める図書（LLブック）：ピクトグラム（絵記号）などを併用し，やさしい文章で読みやすく書かれた図書。やさしく読める新聞『ステージ』（季刊，社会福祉法人全日本手をつなぐ育成会）も刊行されている。参考文献2には，日本で刊行されているLLブックのリストが掲載されている。

⑤マルチメディアDAISY：DAISYのマルチメディア版で，音声だけでなく，文字や画像も同時に再生できる電子書籍の一種。一部タイトルは，公共図書館や学校図書館向けの「DAISYライブラリー」

表7-3　図書館利用に障害のある児童に適った主なバリアフリー資料

a．視覚障がいのある児童	・点字資料 ・録音資料 ・拡大文字資料 ・さわる絵本（手で読む絵本）
b．聴覚障がいのある児童	・手話つき絵本 ・拡大文字資料 ・マルチメディアDAISY ・やさしく読める図書（LLブック）
c．肢体不自由のある児童	・録音資料 ・拡大文字資料 ・やさしく読める図書（LLブック） ・マルチメディアDAISY ・布の絵本
d．知的障がいのある児童	・やさしく読める図書（LLブック） ・マルチメディアDAISY ・布の絵本
e．学習障がいのある児童	・録音資料 ・拡大文字資料 ・やさしく読める図書（LLブック） ・マルチメディアDAISY
f．日本語を母語としない児童	・やさしく読める図書（LLブック） ・外国語資料

（会員制，公益財団法人日本障害者リハビリテーション協会，http://www.dinf.ne.jp/doc/daisy/book/daisylibrary.html，'15.1.24現在参照可）からダウンロードして収集，提供することが可能。

⑥さわる絵本（手で読む絵本）：主に視覚障がいのある児童を対象に，絵の部分をフェルト，毛糸，リボン，革などでつくり，さわってわかるようになっている絵本。エリックカール作・絵，もりひさし訳『はらぺこあおむし』（偕成社）のさわる絵本版である『点字つきさわる絵本 はらぺこあおむし』（同）など，市販されているものも数十タイトルある。

⑦布の絵本：布の台紙にさまざまな布やフェルトでつくった絵などを綴じつけたもの。絵の部分などが取り外せたり，はめたりして遊べるようになっているものが多い。北海道札幌市にある「公益財団法人ふきのとう文庫」（http://fukinotou.org，'15.1.24現在参照可）では，公共図書館向けに布の絵本の販売をおこなっている。

⑧手話つき絵本：手話が写真で挿入された絵本。日本では数タイトルが市販されているのみ。

⑨外国語資料：日本図書館協会の2003年の調査によると，公共図書館の約60％にあたる1528館が外国語の児童資料を所蔵している[12]。しかし，ほとんどは英語資料である。英語圏以外の国々から来日した児童のためには，多言語の児童資料を収集，提供することが必要である。

　"百聞は一見に如かず"という諺もあるが，読者のみなさんは，ぜひ一度，近所にある公共図書館を訪れて，所蔵されているバリアフリー資料を実際に手にとって見てほしい。

設問

(1) 近所にある公共図書館のバリアフリーの取り組みについて調べ，900字程度でまとめなさい。
(2) 参考文献2を読み，かつ，実物を観察して，やさしく読める図書（LLブック）とマルチメディアDAISYの共通点と相違点を900字程度でまとめなさい。

参考文献

1. 野口武悟編著『一人ひとりの読書を支える学校図書館：特別支援教育から見えてくるニーズとサポート』読書工房，2010年
2. 藤澤和子・服部敦司編著『LLブックを届ける：やさしく読める本を知的障害・自閉症のある読者へ』読書工房，2009年
3. 小林卓・野口武悟編著『図書館サービスの可能性：利用に障害のある人々へのサービス　その動向と分析』日外アソシエーツ，2012年

注）

1) 本書では，日本図書館協会障害者サービス委員会での議論にもとづき，「図書館利用の障害」など社会や環境にあるバリアをさすときには「障害」を用い（それを解消するサービスである「障害者サービス」も「障害」を用いる），視覚障がいや聴覚障がいなど個人の状態をさすときは「障がい」を用いる。
2) 2013年12月に批准した「障害者の権利に関する条約」や2016年4月に施行予定の「障害者差別解消法」では，「合理的配慮」という視点が明確に打ち出されている。「合理的配慮」とは，同条約によると，「障害者が他の者と平等にすべての人権及び基本的自由を享有し，又は行使することを確保するための必要かつ適当な変更及び調整であって，特定の場合において必要とされるものであり，かつ，均衡を失した又は過度の負担を課さないものをいう」と定義されている。図書館利用の障害を取り除き，誰もが等しく利用できる図書館づくりに取り組むことも，「合理的配慮」にあたるといえる。
3) 参考文献1，p.11。
4) 文部科学省「日本語指導が必要な外国人児童生徒の受入れ状況等に関する調査（平成24年度）の結果について」http://www.mext.go.jp/b_menu/houdou/25/04/1332660.htm（'15.1.24現在参照可）。
5) 法務省「平成25年版　犯罪白書：－女子の犯罪・非行－グローバル化と刑事政策－」http://hakusyo1.moj.go.jp/jp/60/nfm/mokuji.html（'15.1.24現在参照可）。なお，少年刑務所も全国に8カ所設置されているが，収容者の大半は20歳以上の成人となっている。20歳未満の少年受刑者は2012年度で39人である。
6) 原資料を「バリアフリー資料」にメディア変換（複製）するというほうがより正確であろう。2010年1月に施行された改正「著作権法」では，「視覚障害者その他視覚による表現の認識に障害のある者」（視覚障がい，聴覚障がい，肢体不自由，精神障がい，知的障がい，内部障がい，発達障がい，学習障がい，いわゆる「寝たきり」の状態，一過性の障がい，入院患者，その他図書館が認めた障がい）のために，図書館が著作権者に無許諾で彼らが必要とする方式に複製等をすることが可能となった。詳しくは，図書館関係5団体により出された「図書館の障害者サービスにおける著作権法第三十七条第三項に基づく著作物の複製等に関するガイドライン」（http://www.jla.or.jp/portals/0/html/20100218.html，'15.1.24現在参照可）を参照。
7) 国立国会図書館『公共図書館における障害者サービスに関する調査研究』シード・プランニング，2011年，p.23。
8) 日本図書館協会児童青少年委員会児童図書館サービス編集委員会編『児童図書館サービス1：運営・サービス論』日本図書館協会，2011年，pp.177-181。
9) 脇谷邦子「少年院と図書館」『図書館界』Vol.58, No.2, 2006年，pp.114-119。
10) しかしながら，注5）で述べた「著作権法」の規定にもとづいて図書館側で複製された資料については，利用対象者が限定されている点に注意しなければならない。
11) 「サピエ」は，視覚障害者などに対して点字，DAISYデータをはじめ，暮らしに密着したさまざまな情報を提供するネットワーク。社会福祉法人日本点字図書館がシステム管理し，特定非営利活動法人全国視覚障害者情報提供施設協会が運営をおこなっている（https://www.sapie.or.jp/　'15.1.24現在参照可）。
12) 前掲注8），p.178。

8　日本におけるヤングアダルトサービスの現状と課題

　子どもでも大人でもないおおむね10代の利用者に対する図書館サービスを，ヤングアダルト（以下，YA）サービスという。YAサービスは，近年の社会背景や法整備をうけて変革期を迎えつつある。本章では，おもにYAサービスの基本的な考え方とその方法を紹介するとともに，各地のユニークな実践例の紹介を交え，今後の展望を探ってみたい。

第1節　YAサービスの方法

a. YA資料

　YA世代は，子どものころに比べ行動範囲が拡大し，興味関心の範囲も広まることにより，情報要求が多様化してくる。同時に，一人ひとりのもつ文化や趣味への嗜好がより明確になるとともに，一方で流行に非常に敏感な世代でもある。そうした特性に配慮し，資料選択では幅広い分野を視野に入れることや"旬"や流行の話題に対してアンテナを立て，それらを選書に反映する意識をもつことが必要である。ここで注意すべきなのは，かれらが実地に利用する資料には，狭義のYA資料（ライトノベルや一連のYA向けシリーズなど，YA世代をメインターゲットにつくられているもの）と広義のYA資料（広い世代から人気を集めているベストセラーやメディアミックス化されたものなど）がある。つまり，狭義のYA資料のみを提示するだけでは，その多様なニーズを満たすことはむずかしい。YAコーナーの有無にかかわらず，図書館のもつコレクション全般を視野に入れて，選書，蔵書構成，資料提供をおこなう必要がある。

　選書の際の参考に用いるツールに，選書利用率No.1を自らうたう『ヤングアダルト図書総目録』（年刊）[1]がある。また，「学校読書調査」（第11章参照）の「5月1か月間に読んだ本」（巻末資料14）や「ふだん読んでいる雑誌」などが参考になる。もちろん，個々に寄せられるリクエストや個別におこなわれるアンケート調査の結果を選書に反映させるべきなのはいうまでもない。当然，YA資料の選書方針・選書基準をもたなければならない（巻末資料15）。

b. YAコーナー

　誤解してはならないのが，「YAコーナーがなければYAサービスができないわけでは断じてない」ということである。YAサービスの「核心」は，世代の特徴に合わせた気遣いと利用教育にある。そこをきちんとふまえれば，実はブックトラック1つからでも始めることができる。しかし，YAコーナーをつくる利点もある。肝心なのは，自館の実状に合わせてYAサービスの方針を立て，全職員でサービスの理念を共有することである。

　では，YAコーナー（写真8-1）には，一般に，どのような意義があるのだろうか。

　第一に，YAコーナーは，児童フロアから一般フロアへの「橋渡し」の役割を担っている。そ

れまで児童フロアにおいて手厚いサービスを受けていたかれらは，年齢が長ずるにつれ，羞恥心などからだんだんそこに居づらくなる。かといって，急に広大な成人フロアの海に放り出されても，求める資料をスムーズに探し出すことはむずかしい。その中継点として，YAコーナーが存在する意義がある。ここで強調しておきたいのは，YAコーナーはあくまで「中継点」であって，その最終目的は一般フロアへの「橋渡し」であるという点である。したがって，どんなに立派なコーナーをつくったとしても，そこへかれらをいつまでも"囲い込んで"満足していてはよろしくない。

第二に，YAコーナーは図書館がかれらをサービス対象者として認識し，歓迎する姿勢を示すサインの役割を果たす。「ここに自分の居場所があるのだな」と認識してもらうための"welcome！"メッセージである。

写真 8-1　YAコーナーの例　（相模原市立橋本図書館）

第三に，「場」としての機能がある。この世代には"群れる"のを好むという特性がある。一方で，群れを離れて独りでいる者も存在する。自意識に目覚めたかれらが安心して落ち着ける居場所として，あるいは同じ趣味や悩みをもつ新たな仲間との出会いの場としての機能がある。

c. YA担当

YA担当は，YA利用者にとって信頼のおける相談相手であり，よき助言者たることをめざしたい。YAの顕在的，または潜在的な要求を察知し，それを上手に掬い上げることができる人，そして押しつけがましくないアドバイスができる人が理想的である。

親でも先生でもない，いわば「ななめの関係性」の大人だからこそ打ち明けられることがあるはずだ。YA担当には，こうした微妙な問題に対する適切な情報提供をおこなう技量が必要であり，それにより，かれらの課題解決の手助けができるのである。

第2節　YAサービスの実際

a. 読書支援

図書館の膨大な蔵書のなかから，かれらが興味のある1冊を探し出す作業には困難がともなう。その一助として，おすすめブックリストや新刊リストを発行している館は多い。本を選ぶ際は，かれらの興味関心や趣味嗜好，男女差や読書レベルの差，流行，"旬"の話題などに留意することが必要である。装幀などの"見た目"も重視しなくてはならない。さらには，決してこちらが読ませたい本の「押しつけ」にならないように，あくまでYAのニーズに合わせた選書を忘れないこと，年齢による資料制限や差別をおこなわないことの2点はとくに重要である。

時節に見合ったテーマ展示（たとえば，4月は部活やスポーツの本，夏休み中は読書感想文向けの図書といったもの）をYAコーナーで展開している館も多い。書店でよく見かけるおすすめPOP

を作成し，本と一緒に展示するのも効果的である。POPやポスター・チラシなどの掲示物や配布資料の製作に，YA自身に加わってもらうとなおよい。同世代によるコメントやイラストなどが載せられたものには，おおいに吸引力があるはずだからである。

b. 課題支援

学校の宿題や調べもののために図書館を利用するYAも多い。事前に，図書館情報資源の探し方や調べ方のポイントを紹介したパンフレットを用意しておく。あるいは，近隣の学校の司書教諭や学校司書と連携してあらかじめ宿題を把握しておき，テーマごとのパスファインダー[2]やインターネット情報資源のリンク集を作成しておく。それにより，利用者の，または職員の情報探索の時間を短縮し，より効果的な支援が可能となる。

c. 交流の「場」づくり

以上のような情報支援のみならず，YAサービスにおいては，かれらの表現活動や交流のための「場」づくりも重視されなくてはならない。そのための手法として気軽に始められるのが，いわゆる「落書きノート」や「投稿掲示板」などである。そこには，おすすめの本やマンガ，"流行っていること"，"悩み"，自作のイラストや小説など，YAに自由に書いてもらう（ただし，誹謗中傷やむやみな個人情報の掲載などを禁ずる最低限の注意書きをあらかじめ提示すること）。YA担当は，つかず離れずの距離で見守り，必要に応じてレスポンスを返す。ノートや掲示板は，自館のYAのニーズ把握はもちろん，次に述べるYA参加型プログラムへの発展を見越した常連利用者づくりの「はじめの一歩」としても有効である。

d. 参加型プログラム

YAに向けて，参加型プログラムを開発することは，さらに進んだYAサービスを組織的に展開するために重要である。この場合，YAが主体的に参画するかたちのプログラムが望ましい。常連利用者の交流のため，たとえば，"お茶会"の場を用意したり，講演会や読書会などを開催したりする。近年，イベント形式のユニークな試みが多くみられるので，いくつか紹介してみよう。

東京都日野市立図書館「日野ヤングスタッフ・ドリームスクラム」　作家などの講演会の開催や，おすすめ本やPOPの募集・展示などを，YAスタッフの企画・運営により実施している。YAスタッフは図書館サイトなどで公募され，近隣の高校生や大学生が自発的に応募する。年に十数回活動日を設け，企画を考える段階に始まり，作家への交渉，広報，当日の運営まで，長期間かつ広範囲にわたって，すべてがYAスタッフに任されている。

大阪府箕面市「箕面・世界子どもの本アカデミー賞」　国民読書年（2010年）をきっかけに創設された[3]。子どもたち自身が支持する本を，子どもたち自身が投票によって選ぶイベントである。作品の授賞式と受賞作家による講演会の司会進行もまた，かれら自身がおこなっている。

東京都荒川区立図書館　2010（平成22）年に「夜の図書館・怪談ツアー」というイベントが開催された。落語家による怖い話の朗読体験や，閉館後の図書館フロアで肝試し風の趣向をこらした資料の探し方ツアーなどをおこない，定員50名を超える応募があった[4]。

e. ウェブを活用した情報発信

　近年，図書館サイト上にYA専用のページを設ける館が増えてきた。主なコンテンツとして，新着図書案内やおすすめ本紹介，利用案内や調べ方案内，リンク集などが用意されている。

　荒川区立図書館の「掲示板」，東京都東村山市立図書館の「ティーンズ担当日記」，大阪府立中央図書館の「職員の日記帳」など[5]は，前述した「落書きノート」や「投稿掲示板」のいわばウェブ版といっていいだろう。

　YAの情報獲得手段としてスマートフォンや携帯電話は外せない。愛知県岡崎市立中央図書館では，以前から，携帯電話向けのメールマガジンにより，新着本やイベント情報などを，YA担当の親しみやすいコメントとともに発信していたが，これをホームページのリニューアルを機にツイッターに切り替えた。一定間隔で定期的に配信するマガジンと異なり，ツイッターでは，必要なときに随時情報伝達が可能で，画像も一緒に配信できるため，機動性・表現性が高まったという[6]。

　図書館サイトの製作・運営にYAがたずさわっている事例もみられる。鳥取県倉吉市立図書館では，YA向けに発行している情報誌（写真8-2）の編集のため，中高生ボランティアを募っており，ホームページ編集作業にも直接加わっている。図書館からの一方的な発信ではなく，YA利用者とともにつくり上げていく姿勢がすばらしい。

写真8-2　倉吉市立図書館YA向け情報誌「としょかんNews：ヤングアダルト版"Rain followed by Sunny"」（季刊）　http://www.lib.city.kurayoshi.lg.jp/news/young/　('14.1.31 現在参照可)

f. 館外活動，地域との連携

　「部活に塾に友だちづき合いに…」と多忙なYA世代を図書館にひきつけるには，待っているだけではなく，こちらから出向き，積極的にPRをすることも大事である。

　たとえば，ブックリストは館内におくだけではなく，地域の中学校や高等学校に配布する。せっかくならば持参し，担当教諭や学校司書とのパイプづくりの機会とする。可能であれば，授業の1コマや図書委員活動の時間をもらい，リストに紹介した本をもとにブックトークをするといった具合である。ブックトークと合わせて，図書館の便利な使い方や資料の探し方をレクチャーすれば，図書館に足を運んでくれるYAが増えるかもしれない。また，簡単な読書アンケートを実施すれば，普段図書館に来ない者も含めた貴重なニーズを拾うことができる。それらを選書やコーナーづくりにフィードバックさせてより魅力的なサービスに進化させる。

　学校との連携の1つとして，近年，職場体験学習の受け入れ協力をおこなっている図書館が増えている。体験を通して図書館に親しみを抱いてもらい，図書館を上手に活用できるユーザーを育成する好機である。かれらは配架作業を通じて図書館の分類の概念を知り，これまでより本を探すことが上手になるし，カウンター体験を通じて予約・リクエストという便利なサービスを知ることができる（ただし，利用者の個人情報に直接かかわらないよう運用には細心の注意が必要であ

る)。

　神奈川県鎌倉市図書館では，ツイッター(https://twitter.com/kamakura_tosyok)による情報発信サービスをしており，職場体験やインターンシップに来た中高生・大学生に，体験中の感想をツイートしてもらっている。さらに，体験生によるおはなし会を実施したり，おすすめ本のPOPの作成やテーマ展示コーナーをつくってもらったりなど，YAの力をうまく活かしている。

第3節　YAサービスの課題と展望

a. 変わる読書支援の方向性

　2000(平成12)年のPISA調査(OECD生徒の学習到達度調査)[7]では，YA世代が趣味のための読書をしないことが問題視され[8]，2003年調査では，YAの読解力の向上が課題とされた。

　10代の「読書離れ」が決まり文句のようになってしまっているが，一概にそう決めつけてしまうのは早計である。「学校読書調査」の推移をみると，中高生の読書冊数そのものは増加傾向にあること，逆に不読者数は減少傾向にあることがわかる(詳しくは第11章参照)。

　楽しみ，味わうための読書のみならず，かれらが生きていくうえで直面するさまざまな課題を解決するための読書もまた重視されるべきである。そうした能力をもった「成熟した市民」[9]を育てることは，YAサービスの重要なミッションである。

　読解力育成につながる読書支援活動の1つとして，東京都立多摩図書館の「中学・高校生のための声に出して楽しむYA読書会」[10]や先述した箕面市の「世界子どもの本アカデミー賞」のような，自らの読書体験を同世代とともに語りあい，読書を通じて集団でつながるためのイベントが試みられている。YA担当者は，今後，こうした試みを積極的に創案していくべきである。

b. YA向けの就学・就業支援

　不況による若者の就職難や不安定雇用の著しい増加などの社会背景は，YAサービスにかかわるものとして看過することはできない。いうまでもなく，すべてのYAという世代の最重要課題は，大人になり社会的に自立することだからである。

　こうした社会背景を反映して，YAサービスの取り組みのなかでも，各種就学・就業支援に力を入れる事例がみられる。広島県立図書館の「青少年図書モデル展示」コーナーでは，進路や職業・就職に関する図書を集めている。また，県内高等学校などのリンク集や，仕事・就職案内のテーマ別資料リストを図書館サイト上に掲載している。長野県塩尻市立図書館では，県内の高等学校や大学の案内パンフレットを取り寄せ，YAコーナーに配架している。

c. YAサービスの課題

　YAサービスは変革の時期にきている。これまでの文学を中心とした読書推進にとどまらない，10代の課題解決のための図書館という考え方を打ち出し，社会参画，表現，交流の「場」として図書館サービスを実践する事例があらわれてきている。先述の社会背景からも，具体的な法(略称：子ども読書活動推進法など)や施策(略称：読書推進基本計画など)でも，従来とは異なる

有効な読書活動の実践が期待されている。歴史の長い児童サービスに比べ，YA サービスは体系的なノウハウが確立されていないといわれる。また，現場では，専任の YA 担当者の確保がむずかしいとの声がある。これらは引き続き YA サービスの「今後の課題」である。

設問

(1) YA 資料を選択する際にはどのような視点や配慮が必要か，自分の言葉で 900 字程度で表現しなさい。
(2) この章の第 2 節 d. に「YA が主体的に参画するかたちのプログラムが望ましい」とあるが，それはなぜかを考察し，自分の言葉で 900 字程度で表現しなさい。

参考文献
1. 半田雄二『ヤングアダルトサービス入門』（教育史料出版会）1999 年
2. ヤングアダルト図書館サービス協会（YALSA）著，ヤングアダルト・サービス研究会訳『ヤングアダルトに対する図書館サービス方針　第 2 版』（日本図書館協会）1999 年

注
1) 出版社約 20 社で構成するヤングアダルト図書総目録刊行会が編集するもの。
2) 任意の主題について，とくに特定の図書館での所蔵情報や入手方法を付加して代表的な文献をリストアップしたものであり，リーフレット形式，またはオンラインで提供される。情報の探索技法の練成に利用できる。
3) 箕面市生涯学習部中央図書館「(報道資料)『箕面・世界子どもの本アカデミー賞』が今年もスタートします！」（更新日：2013 年 6 月 13 日），https://www.city.minoh.lg.jp/library/katsudou/academy/academy2013.html（'15.1.24 現在参照可，以下同じ）。
4) このイベントに関する簡単な総括を次の文書で確認できる。荒川区立南千住図書館編「夜の図書館怪談ツアー」http://kodomo-dokusho.metro.tokyo.jp/tmg/wp-content/uploads/user/toshokan/1104.pdf。
5) 荒川区立図書館「掲示板」http://www.library.city.arakawa.tokyo.jp/ya/bbs.html，東村山市立図書館「ティーンズ担当日記」https://www.lib.city.higashimurayama.tokyo.jp/toshow/html/t_diary.html，大阪府立中央図書館「職員の日記帳」http://www.library.pref.osaka.jp/cgi-bin/benriyan/display_talk.cgi。
6) 2014（平成 26）年 2 月，岡崎市立図書館 YA 担当者に電話による聞き取りインタビュー。
7) PISA とは，OECD 加盟国の多くで義務教育終了段階にある 15 歳の生徒を対象に，読解力，数学的リテラシー，科学的リテラシーを主要 3 分野として，3 年ごとにおこなわれる学習到達度調査のこと。第 1 回は 2000 年。2003 年の読解力調査で，日本の平均点が 2000 年の 8 位から 14 位に大きく低下したことが問題視された。近年，読解力の順位が上昇に転じたことが報告されている。
8) 「15 歳の応用学力，日本が上位『読書しない』は最多に－31 カ国・OECD 調査」『毎日新聞』2001 年 12 月 5 日付朝刊 1 面など。2000 年の PISA 調査でわが国の 55％の生徒が趣味で読書をしないと回答しており（OECD の平均は 32％），参加国中ワースト 1 であった。2009 年の調査では，この割合は 17 カ国中第 2 位で依然として高いものの，「楽しみ」で読書をする生徒の割合も 2000 年に比べると有意に増加した。『OECD 生徒の学習到達度調査 Programme for International Student Assessment〜2009 年調査国際結果の要約〜』pp.9-10, http://www.mext.go.jp/component/a_menu/education/detail/__icsFiles/afieldfile/2010/12/07/1284443_01.pdf。
9) 二村健『図書館の基礎と展望』（ベーシック司書講座・図書館の基礎と展望　第 1 巻）学文社，2011 年，pp.24-25。
10) 東京都立多摩図書館児童・青少年資料係「中学・高校生のための声に出して楽しむ YA 読書会」2010 年 11 月, http://www.library.metro.tokyo.jp/reference/tama_library/ya/tabid/649/Default.aspx。

9 さまざまな児童・ヤングアダルトサービスの取り組み

　前章までで，本と子どもを結びつけるためにおこなわれる図書館サービスとして，読み聞かせ，ストーリーテリング，ブックトークを取り上げた。このほかにも，さまざまな活動が図書館ではおこなわれる。この章では，本に関する情報と読書の場や機会の提供を通じて，個で楽しむ読書から集団で楽しむ読書，仲間づくり，読書情報の発信へと展開していくことを概観する。

第1節　児童・YAサービスの取り組みと考え方

　インターネットが普及し，電子の世界に人々の関心が集まる世の中になったが，こうした時代であればこそ，モノとしての本，場の演出機能をもつ図書館の意義に改めて着目したい。

　本と子どもを結びつける図書館サービスは，乳幼児を含めた小さな子どもから，中・高生を対象にしたヤングアダルト（以下，YA）まで，中身は一様ではない。図書館で本を読んでもらうことの喜びを知った子どもたちが成長し，自らが読みたいと欲し，本に出会い，選択し，読書の時間とそれにふさわしい場所を確保できるようになるまで図書館は支援を続けなければならない。

　この世代の子どもが大半の時間を過ごす学校だけでなく，公共図書館においても，一人ひとりの居場所と，同世代の仲間との交流の場を確保することは大切である。図書館が生涯学習機関であること，読書が生涯を通して楽しめる活動であることを周知することは当然であるが，読書の楽しさを知った子どもたちに，さらに深い読書生活を営むことができるよう，図書館員はどのような支援ができるだろうか。

　読書を通して得た知識や本のおもしろさを，個人の世界で満足するにとどめず，さらに他者と共有することの楽しさや外部に発信していく方法を示し，機会と場の提供を通して，図書館利用者を支援していくこと。これが新しい図書館の課題である。

第2節　児童・YAサービスの具体的な取り組み

　本と人とを結ぶためのサービスには，図書館側が提供する行事的色彩の強いものと，読者側からの積極的な参加が期待されるものとがある。前者には，読み聞かせ，おはなし会，ブックトークなどがあり，後者には，読書クラブ，読書マラソン，POP，ビブリオバトルなどがある。

a. 読書クラブ

　本来，個人的な営みである読書だが，集団で同一の本を読むことが読書クラブ[1]の活動である。「読書会」という場合もある。図書館法第3条では，「読書会，研究会，鑑賞会，映写会，資料展示会等を主催し，及びこれらの開催を奨励すること」（第1項第六号）とされている。

読書クラブのメリットは，①個人の範囲内での読書世界から，より広い世界のなかで，自分と他者とのちがいを知ること，②他者の考え方を知り，他者に自分の考え方を客観的に上手に伝えることの大切さを理解し，コミュニケーションの必要性とその重要性を認識することができることなどがあげられる。

　本の選択は，図書館員がおこなう場合と参加者自身がおこなう場合とがある。また，事前にテキスト（本）を読んでから参加する場合と，その場で輪読する場合とがある。同一のテキストを読む場合と，テーマを決めて参加者がそれぞれに読んだ本について紹介しあう場合もある。

　通常，読後に感想を交換し，読書から得たものをまとめ，記録し，発表する活動をおこなう。自己表現能力の育成にもつながり，読書の楽しさについて共通体験をもつことから，相互理解を深めることもできる。こうした活動の記録をまとめ，冊子や図書館だより，図書館のホームページなどで発信していくと，新たな参加者を図書館へ呼び込むこともできる。

　読書能力や読書への嗜好には個人差があることから，集団で読書体験を共有するときは，自ずと参加者が限られてしまうことは否めない。継続して参加したくなるような環境づくりが重要である。この活動では，対象を狭く YA 世代などとせず，広く考える必要がある。

b．読書ノート

　読書ノートを用いた読書指導は，わが国では，国語科や学校図書館で昔から広くおこなわれてきた。読書ノートの意義には，①本を読む習慣がつくこと，②読書への関心が高まること，③さまざまな考え方や生き方がわかること，④読書歴がわかること，⑤感想を書くことにより，いつまでも心に残ること，⑥愛読書ができ，本を読む楽しさがわかること，⑦いろいろな言葉を覚え，文章表現にも慣れることなどがあげられる。読書ノートは，読書に親しみ，読書生活を向上させることに役立つものであることが報告されている[2]。公共図書館でも，YA サービスなどで，読書ノートが積極的に用いられている（第8章参照）。

c．POP（ポップ）

　POP とは，point-of-purchase advertising（購買時点広告）の略である。主に，店頭で販売促進の宣伝目的で利用されてきたものである。書店では，書店員や出版社が作成した POP によって，人気が出て売上が伸びる本もあり，POP の効果は大きいとされる。同じ本でも，POP のキャッチコピーや，絵，色使いなどによって印象が大きく変わる。図書館では，新しい読者を獲得するためのメッセージカードとして位置づけられる。学校では，総合的な学習の時間に，出版社の支援を受けて POP 作成の授業をおこなう事例もみられる[3]。POP は，本来，本のカバーや挿絵などをコピーして作成するのではなく，手書きで作成するものである（写真9-1）。

　公共図書館では，書架や壁面に図書館員が作成し

写真9-1　POP の例（明星大学学生作品）

たPOPを展示するだけでなく，ティーンズコーナーの利用者に，お気に入りの本を紹介するPOPづくりや展示をしてもらう図書館サークル活動が広まっている。学校図書館，書店，公共図書館，出版社が連携し，児童生徒へPOPの作成指導や，作成したPOPを展示する場の提供やコンテスト[4]などもおこなわれる。

POPづくりの効果として，①図書の利用や，貸出頻度が増える変化がみられる，②自分と同世代の仲間が作成したPOPに関心をもち，POPの掲示に見入る子どもが増えることで，図書館に活気をもたらす効果がある，③図書館員にとっても，児童生徒が作成するPOPから，その世代の利用者に魅力あるタイトルを知ることができるなどが報告されている。このように，POPは，①本と人を結びつける役割を果たすだけでなく，②POPづくりのプロセスを通して，言葉に力があることを知り，自分で言葉を探し，表現を工夫することで，効果的にメッセージを伝える技量を深め，さらに，③できあがったPOPを通して，友人のアイデアや作品を評価し，コミュニケーションをおこなう力を養えるなど，従来の図書館サービスを超える効果が期待できる。

d. 読書サークル

イギリスでは，1918年ころから読書サークルの活動が始まっている。会員は，児童図書室に集まり，あらかじめ図書館員が選んでおいた本を読み，読み終わると，作文コンテストに参加するために，それぞれの本に関する質問に解答する。イギリスのクロイドン（Croydon）にあるノーベリー（Norbury）分館では，1932年に，8〜11歳を対象とする読書サークルが結成された記録があり，『ガリバー旅行記』や『宝島』が読まれていたという。小さな子どもには「おはなし会」があり，ティーンエージャーには「講話」があったが，この年齢の子どもを対象とした活動がないことが読書サークル活動を始めた理由であった[5]。

近年，読書推進活動が活発な同国では，人気の高いサッカーに関連させた，プロサッカーリーグ「イングランド・プレミアリーグ」のチームと選手らによるPremier League Reading Stars（PLRS）という活動が，イングランド・プレミアリーグとサッカー協会，英国リテラシー・トラストなどの共同により2003年から展開されている（写真9-2）。たとえば，リーグの全20チームから各1名ずつReading Starを選出し，それぞれがお気に入りの本をあげ，本の中から問題を出して子どもたちが答えるという趣向である。このプログラムは大きく成功を収めていることが報告されている[6]。

わが国でも，Jリーグの川崎フロンターレが早くから読書啓発の取り組みを開始し，現在，Jリーグと図書館海援隊[7]サッカー部が読書週間中にフォーラムを開催するまでになっている。

e. 読書マラソン

図書館や書店，学校などでは，読書習慣を身につけることを目的に，継続的に読書をおこなうことを奨励

写真9-2 「Premier League Reading Stars｜National Literacy Trust」

出典：National Literacy Trust
http://www.literacytrust.org.uk/premier_league_reading_stars（'15.1.24現在参照可）

する読書マラソンを実施している。読書週間，図書館まつりなど，期間を定めて実施しているものが多い。距離を目標に掲げ，たとえば，100 頁を 1 km として 100 km 読むとか，冊数そのものを目標に掲げて，100 冊以上とするなど，実施方法はさまざまである。一般に，図書館や学校でよくおこなわれるのは，台紙に読了日と書名，著者名などを書き込み，そのつどスタンプをもらうなどで，目標冊数を読了し，所定のスタンプが集まるとゴールになり，賞品やグッズをもらえるというインセンティブが設定される。

　読書マラソンでは，参加者が自分で設定したゴールに到達することが最終ゴールではない。小学校では，1 年間に教員が選定した図書と感想ノートとを学級内で交換しながら読書をおこない，読書意欲を高める活動がおこなわれる[8]。

f.　読書記録とインターネット

　インターネットが介在することで，これまで個人あるいは限定的な参加者の間で共有されてきた読書記録が，サイバー空間で共有される新しい形態へと進化している。その一例として，読書マラソンにおける変化があげられる。大学生協の読書マラソンの事例では，本の感想や推薦文が書かれた POP は，大学生協の店頭で販促に利用されるほか Web 上に公開される。より多くの人々に本の存在を知らせ，新たな読者と読書マラソンへの参加者を獲得する効果が期待される。

　インターネット上で読書マラソンを試みた異色の研究もある。ここで明らかにされたことは，一般に考えられているように，読書感想文を書かせることが読書意欲を妨げるものではないこと，逆に，他者からの評価や，感想文を読み合うことが読書意欲を高めることにつながることである[9]。他者の感想が図書選択の誘因となり得ることなどから，今後は，学校（学級内，校内）や地域といった枠を超えた読書マラソンの形態も考えられよう。

第 3 節　新たな試み（ビブリオバトル）

　最近注目されるようになったイベントにビブリオバトルがある。図書館界から出てきたものではなく，2007（平成 19）年に大学の一研究室から始まったものである（やり方やルールについては巻末資料 16・17 を参照）[10]。ビブリオバトル関連の書籍や論文，公式ホームページには，その効果・利点がまとめられているが，そのなかでももっとも大切なポイント 3 つにふれておく。

① チャンプ本を決める：個人が単に本の紹介をするだけだと，単なる自己主張・自己満足で終わってしまい，ほかの人には何がおもしろいのか伝わらないことがある。「伝えたつもり」と「伝わる」は別物である。チャンプ本（投票して，みんなが一番読みたいと思った本）を決めるという目標があることによって，その本をまったく知らない聞き手にも伝わらなければ意味をなさないという前提条件が成立する。また，児童・YA サービスでは参加型イベントが有効である（第 8 章で既述）が，投票に参加することで聞き手の姿勢もちがってくる。ビブリオバトルは双方向のコミュニケーションによって成り立つというのが大きな特徴である。

② 自分の言葉で紹介する：単なるあらすじ紹介ではない。自分の感動，感じたこと，考えたこと

が入っていないと他人を感動させるにはいたらない。その人の言葉でその本のおもしろさを伝え、「死んだ語り」にならないようにする。

③資料は用意しない：レジュメやパワーポイントなどの原稿を用意すると棒読みになりがちである。学校では、教師が生徒にいい発表をさせようと、原稿をつくらせて指導しているところもあるが、本来の趣旨とは異なる。原稿をつくらないでプレゼンテーションするという方向性は、いかに効果的に資料を作成するかということが重視される最近の方向性とは逆で、自分の感覚などを生きた言葉で伝えるコミュニケーション力が重視されて

写真9-3　ビブリオバトルの案内
出典：（上）全国SLA『としょかん通信』中学高校生版、2013年9月号、（下）同小学生版、2013年9月号

いることにほかならない。聞き手は集中して聞くことを求められ、その場面ばめんを自分の頭のなかで想像するという作業もすることになる。ビブリオバトルは、ストーリーテリングと部分的に重なるものもあって、言語能力の育成には非常に効果的なものだといえる。

ところで、「活字離れ」や「読解力の向上」といった教育的側面を強調してビブリオバトルを説明しようとする論調も目につく。学校などで、課題図書をテーマにすべての生徒に発表を課したがために、「ビブリオバトル恐怖症」が起きているという話も耳にする。しかし、ビブリオバトルは「読書離れを防ぐ」「読解力を高める」ために考案されたものではない[11]。本来の「楽しいゲーム」という性格を失ってしまっては元も子もないのである。

ビブリオバトルはテーマを設定しておこなうこともできる。ビブリオバトルの発案者は、読書感想文に代わる、もしくは、補う仕組みとして導入されることを期待している。学校で開催されるときは、"課題図書縛り"を入れるのが典型という。この場合、縛りを強めると発表者は「決められた本を発表する」状態になり、「ビブリオバトルの魅力がどんどん薄れていく」[12]と警鐘を鳴らしている。

設問

(1) 中・高校生世代の読者が読みたくなるような本を1冊選び、自分自身で思うようにPOPを作成しなさい。

(2) 身近な公共図書館で実施されるYAサービスのなかで、（本章でふれたような、あるいは、ふれていなかった斬新な）中・高校生世代の図書館利用者が主体となって実施計画される活動について、その活動内容と実施状況を調べ、900字程度にまとめなさい。

参考文献

1. 国際図書館連盟児童・ヤングアダルト図書館分科会編、日本図書館協会児童青少年委員会訳『IFLAヤング

アダルトへの図書館サービスガイドライン2008年』日本図書館協会，2013年。
2) ルネ・J．ヴィランコート，アメリカ図書館協会公共図書館部会ヤングアダルト図書館サービス部会著，井上靖代訳『ヤングアダルト・サービスの秘訣：公共図書館ジェネラリストへのヒント』日本図書館協会，2004年。

注)
1) 本巻では，読書活動をおこなう目的で集まった子どもの集団を意味する。読書クラブがお話会の意味で用いられる場合もある（たとえば，永島倫子著「さそいあわせてみんなできてね　岡山市・妹尾公民館親子読書クラブ」『学校図書館』第358号，1980年，pp.35-37）。
2) 小林秀隆「読書ノートを使った指導」『学校図書館』第358号，1980年，pp.63-66。
3) 佐藤清子「図書館に新鮮な息吹と躍動を！―生徒の手書きPOPが人と本をつなぐ―」『図書館雑誌』Vol.104，No.4，2010年4月，pp.208-209。
4) 愛知県図書館のティーンズコーナーでは，POPコンテスト「てこぽん大賞」がおこなわれている（https://websv.aichi-pref-library.jp/ya/tekopon.html '15.1.24現在参照可）。このコンテストでは，POPを作成する本は，愛知県図書館が所蔵する館内にあるすべてを対象とすることで，読書本来の楽しさである自ら自由に選んだ本を読むこと，あらゆるジャンルや種類の本のなかから，本を選ぶ楽しさや喜びを伸ばしていくことが奨励されている。HP上でPOPを紹介し，各POPから同館OPACにリンクが作成されており，POPから図書館利用へと導かれるよう工夫されている。また，POP作成者に，POPの作成点数に応じて特製しおりとポイントが与えられ，ポイントがたまると，図書館グッズ（クリアファイルなどの日常使う文房具）に交換できる。
5) アレック・エリス著，古賀節子監訳『イギリス青少年サービスの展開　1830-1970』日本図書館協会，1991年，pp.79-80，110。
6) National Literacy Trust, "Premier League Reading Stars" http://www.literacytrust.org.uk/premier_league_reading_stars/impact （'15.1.24現在参照可）。
7) 貧困・困窮者支援をはじめ具体的な地域の課題解決に資する取り組みを本格化したいと欲する有志の図書館らにより2010（平成22）年1月に結成された。そのなかで，Jリーグとの連携をはかろうとする一部の館とビジネス支援図書館推進協議会の参加館の一部が合流し，図書館海援隊サッカー部を発足した。
8) 掛川克義「読書マラソンのすすめ～読書の習慣作りの実践～」（平成13年度第17回東書教育賞最優秀賞受賞論文）2001年，pp.12-19，http://ten.tokyo-shoseki.co.jp/tosho-syo/no17/e01.pdf（'15.1.24現在参照可）。なお，「東書教育賞」は，教科書出版会社の東京書籍が，1984（昭和59）年，教育現場の地道な実践活動に光を当て，すぐれた指導法を広める橋渡しを目的として設立した賞である。
9) 村田育也［ほか］「サイバー読書マラソン－インターネットを用いた中学生の読書活動の支援－」『北海道教育大学紀要教育科学編』第61巻第2号，2011年2月，p.191。
10) 当時，京都大学大学院情報学研究科片井研究室所属の谷口忠大氏の発案によって始められた。当初，研究室単位やサークル単位でおこなわれていたが，その後，大学全体のイベントなどでおこなわれるようになった。2010（平成22）年，書店の主催でおこなわれたのを皮切りに全国に広まり，同年，東京都が「ビブリオバトル首都決戦」を開始するにいたった。この予選大会が各地でおこなわれ，2013（平成25）年首都決戦は，予選参加人数783名（予選会回数171回）にまで発展している。公共図書館が予選会場になっている場合も多い（首都決戦は高校生を対象とした大会も同時に開催されている）。現在では，大学だけでなく，小中高等学校，教育センター，一般企業の研修・勉強会，書店，カフェなども会場となり，主催団体（個人も含む）もさまざまで，2011年には，公共図書館（奈良県立図書情報館）が初めて開催し，関西圏から全国の公共図書館に広まった。学校でも積極的に推進しようとしており，また，家族の団欒などでもおこなわれている。
11) 『現代用語の基礎知識2014』の「本と文芸」の項に，「もともとは学生の読書量を増やすために考案された」という記述がある。ビブリオバトル普及委員会は，「当会にも，発案者の谷口（忠大）にも取材はなされておらず」，「『学生の読書量を増やすために考案された』という記述は，全くの事実無根であり，筆者がどのような情報をもとに，このような用語の解説を作成されたのか，経緯は不明」としている。さらに，「あくまで読み手に楽しいゲームとして発案されたことこそが本質である」とし，同記述に対し，「ビブリオバトルの本質を誤って捻じ曲げるものだ」と遺憾の意を示している。『現代用語の基礎知識2014』への採録と記述の誤りについて」http://www.bibliobattle.jp/gendai_yogo2014（'15.1.24現在参照可）。
12) 谷口忠大『ビブリオバトル　本を知り人を知る書評ゲーム』文藝春秋，2013年，p.82。

10 学校・学校図書館との協働および家庭・地域との連携

　児童サービスは，公共図書館だけで完結するものではない。学校・家庭・地域の関係機関との連携が不可欠である。たとえば，山口県岩国市の子ども読書活動推進計画は，「読書が自由にできる場」と「豊富な資料」「子どもに本を手渡す専門的職員」の3つの読書環境整備に向け，発達段階に応じて関係機関が連携して（傍点筆者）努めると述べている[1]。この章では，児童サービスにおける他機関との連携について学校を中心に扱う。

第1節　関係機関との連携の必要性

　図書館法第3条には，「学校教育を援助し」と，学校・学校図書館との連携が重要な責務の1つとして掲げられている。一方，学校図書館法第4条第5項では，「他の学校の学校図書館，図書館，博物館，公民館等と緊密に連絡し，及び協力すること」とされ，相互に連携しあうことが法定されている。また，文字活字文化振興法でも「国及び地方公共団体は……図書館，教育機関その他の関係機関及び民間団体との連携の強化その他必要な体制の整備に努めるものとする」（第6条）としている。

　文部科学省の作成した「学校図書館を充実させるための10のCheck Point!!」[2]の10番目に，「使いたい本が学校図書館にない場合などには，公共図書館からの団体貸出等が活用できたり，公共図書館の司書や司書教諭等との交流があるなど，公共図書館との連携が日頃から進められていますか」と，公共図書との日常的な連携がチェック項目の1つにあげられている。

第2節　公共図書館における学校・学校図書館との連携

a. 支援連携のモデル

　前節でふれたように，主要な法に明確に規定されているにもかかわらず，これまで学校図書館との連携は，単発的な事業に限られがちで，「予算を投じて学校図書室にでかけ，資料や設備を整備支援したが，学校から喜ばれている実感がない」といった公共図書館の声が聞かれることも少なくなかった。地域の実情（人材，思想，予算規模など）を構成する各要素の多様で複雑な組み合わせが，ときには成功の要因ともなり，ときにはすれ違いの起因ともなってきた。ようやく近年になり，本格的な支援連携のモデル[3]がつくられるようになった。

　図10-1は，学校図書館と公共図書館の理想の「協働」にまでいたる道のりを示した図である。各段階では，現在の状況に合わせて，適切な活動を積み重ね，ゴールをめざしていく必要がある。
　①第Ⅰ段階（図書館サービスの出前段階）

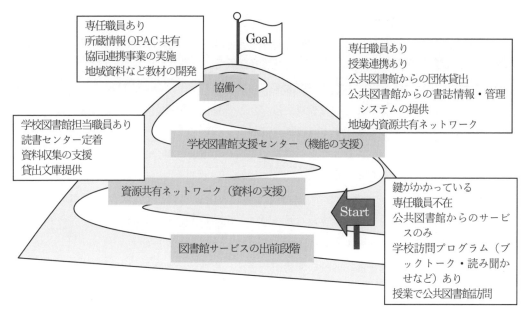

図10-1　公共図書館と学校図書館の連携の道のり

鍵がかかって人のいない学校図書館の扉を開け，一定時間開館するまでの段階である。
- 移動図書館車の巡回ステーションをおくなどして，多忙，図書館が遠いなど，来館が困難な児童生徒の資料へのアクセスを保障する。
- 学級文庫への団体貸出をする。子どもたちと資料との距離がより近くなる。
- 教室への図書館員の出前サービスをおこなう（ブックトーク，おはなし会など）。
- 図書館利用教育を実施する。教科書に図書館が取り上げられることが増えている。各校の読書教育の目標のなかに生かしてもらう。
- 公共図書館へ招待する。教科の目的に沿うかたちで組み込んでもらう。
- 「一日図書館員」を提案する。進路教育の一環として「職業体験」は，小・中学生への広報活動ともなる。

②第Ⅱ段階（資料を支援する─資源共有ネットワーク）

学校図書館が開き，担当者がいる図書館が機能し始めると，公共図書館からの資料提供や，地域内の小中学校図書館が1つの資料群として機能するネットワークが有効になる段階となる。
- 物流（搬送方法の確立）と情報（所蔵データベースの共有）の双方のネットワークを形成する。
- 個々の児童生徒の必要な資料を学校図書館から公共図書館に直接リクエストできるよう，公共図書館のOPAC端末を配備し，資料搬送を整備する。
- 授業で利用する資料を公共図書館や市内の学校図書館から集められるよう，蔵書データベースの製作を公共図書館が支援する。
- 合同選書会議を実施する。公共図書館と学校図書館担当者が選書について意見を合わせる。
- 合同除籍，資料保存計画の策定。

③第Ⅲ段階（学校図書館機能を支援する―学校図書館支援センター）[4]

　学校図書館が校内に定着し，授業での利用が進んでくると，地域の全域的な利用計画の調整を進め，学校図書館担当者を支援し，積極的に図書館を活用した授業を提案する役割が求められる。これをコーディネートするのが学校図書館支援センターである。地域の実情により，公共図書館内にセンターが設置される場合，教育委員会におかれる場合，両者が連携して設置される場合などがあり，おかれ方によって機能や力点は異なる。

- 利用計画を作成し，調整をおこなう。授業で資料を利用する場合，公共図書館の幅広い多様な蔵書構成を活用できるが，授業展開によっては，同時期に同じ内容の資料が多量に（たとえば一クラス生徒分）必要になることがある。あらかじめ学習活動の展開を把握して，複本セットを準備し，他校と利用が重複しないよう，年間利用計画を作成する。また，利用調整をおこなうことで，地域内の各学校図書館間の相互貸借も有効に使える。
- 図書館活用教育を推進する。各校の教科担当教諭，司書教諭・学校司書や図書主任らとともに，図書館資料を活用した年間教育計画を調整する。
- 図書館活用教育実践事例の収集，図書館や資料を活用した授業モデルの提案，研修（授業者向け，図書館担当者向け）をおこなう。
- 広報紙を発行したりホームページを運営したりする。以上の活動を広く関係者に周知する。

④第Ⅳ段階（理想のすがた―協働型）

　これまで，公共図書館と学校図書館の連携は，公共図書館が，学校や学校図書館に対して資料や知見を提供する一方通行が中心であった。学校側は"肩身が狭い"思いにかられ，連携にブレーキがかかることさえあった。現在は，どちらが上とか下とかいうのではなく，対等の立場で連携しあう「協働」という考え方に進んできている。お互いがお互いにとって利益になる関係である。この段階が理想の段階といってよいだろう。

- 調べ学習や探究学習の際，調査の初動を学校でおこなうよう徹底する。学校との協働連携が形成されていれば，初動の調査は学校を中心におこなわれ，公共図書館では，事前に把握し準備した資料で，より深い個別の質問を受けることになろう。
- 子どもたちの習得段階に応じた資料の紹介法や「情報ファイル」の作成を共有する。新学習指導要領の下，地域資料はより多くの活用が予想されるが，子ども向けの出版の少ない分野である。しかし，たとえば自治体発行のパンフレットは，大人向けであっても，学習課題に即して収集，提示しやすく整理することで，十分に活用される資料となる。これらの整理には，学校図書館専門職の経験知に負うところが多い。
- 副教材の作成を協働でおこなう。教師・学校図書館専門職・郷土資料館の学芸員・司書などさまざまな職種の協働により，地域の実情にあった副教材をつくることができる。
- 生涯にわたる自立した学習者となるための支援をおこなう。公共図書館では小学校高学年頃から徐々に子どもたちの姿を見かけなくなる。たとえ来館の機会が減ったとしても，公共図書館は，学校図書館専門職の知見を通じて，この時期の子どもたちへ，後半期の的確な児童

サービスの展開を図ることができる。ひいては，生涯にわたる自立した学習者を育むことで地域社会の発展に貢献できるのである。これが互いに目標を共有する理想の協働の姿ではないだろうか。

b. 有効な連携のために必要なこと

より適切な支援のために，公共図書館の司書は支援の対象である学校および学校図書館を，個人の利用者を理解するように知る必要がある。2015（平成27）年4月より努力目標ではあるが，学校司書が法制化された。今後，その配置が読書センター・学習センター・情報センターとしての学校図書館確立に寄与することが期待されている。以下，表10-1に公共図書館による学校との連携について必要なことを整理した。

表10-1 公共図書館と学校・学校図書館との有効な連携のために必要なこと

①学校・学校図書館の背景を理解する	(ア)学校図書館法と学習指導要領を知る	学校図書館法で，学校図書館は「教育課程の展開に寄与する」とされ，その教科などの展開は学習指導要領にもとづく。新学習指導要領では，「基礎基本的な知識及び技能活用した問題解決的な学習を重視するとともに，自主的，自発的な学習が促されるよう工夫する」と総則にうたわれ，従来の国語科や総合学習ばかりでなく，各教科で知識活用型，教科横断的な言語活動に重点がおかれ，学校図書館の活用が明記されている。課題の発見から発表までの一連の探究行動を支援する場として，学校図書館の活動は変化している。
	(イ)教科書を知る・教育課程を知る	地域で使用されている教科書を読みこむことで，学齢別の習得知識や関心領域がわかり，カウンターでの資料提供につなげることができる。また，各校の教育課程を把握していれば，来館する児童生徒のニーズを先取りした資料の展開が可能になり，立体的な学びにつながる資料や，ブックトークや読み聞かせといった手渡し方の提案が可能になる。また，教科書に対応した副教材の整備は，教員の授業展開への有力な支援となる。先駆的な学校図書館支援で知られるさいたま市3)（旧浦和市）では，教科担当教諭と児童資料の専門家である司書が協同した単元別図書目録の作成が学校図書館支援組織形成への契機となり形成された。
	(ウ)学校の教育目標を知る	同じ自治体内の学校でも，学校の歴史や地域環境，人的環境など個性があり，一様にとらえることはできない。各校独自の教育目標や，学校行事計画から把握できることも多い。
②先生の要望に応える	(ア)子どもに効果的に本を手渡せる大人	子どもの生活時間の中心となる学校の先生は，子どもたちにとって家族に次いで身近な大人であり，影響力をもつ。授業中にふとふれた1冊の資料や，映画の感想が資料への誘いとなる。
	(イ)先生は多忙である。	たとえ多忙ななかでも，授業改革への研究を進められるよう，新たな授業手法などの資料の入手環境整備を図書館が支援する。資料提供の繰り返しが図書館への信頼を生み，授業での活用につながる。
③学校図書館を支える人を知る		資料設備や蔵書データベースが整備されても，効果的な運営は「人」の力に負うところが多い。運営組織，専任者の有無によって，支援と連携の形態はまったく異なり，提供すべきサービス様相も異なる。それは，目に見えるかたちの蔵書の多寡やデータベースの有無以上に支援と連携を決定する重要要素である。理想的なかたちとして，専門・専任・正規の学校図書館担当職員が配置されているならば，彼らを通じて，上記の①や②について把握することができ，公共図書館との連携の鍵となる。

第3節　子ども文庫との連携・協力

　日本の文庫活動は，1960年代前後から，地域の子どもと本との出会いを願い，読書への関心の高い住民が自宅などを開放し，草の根的な読書活動を展開したことに始まる。地域によっては，家庭地域文庫が市全域の連絡会を形成し，公共図書館づくりの原動力になったり，近年では学校図書館充実を課題として，新たに若い会員を迎える文庫もある。しかしその一方で，各地域の事情により創設期からの会員からの世代交代がむずかしく，子どもの生活の変化に伴って，活動を停止した文庫も少なくない。

　あらためて子どもの読書活動に注目が集まっている現在，50年以上にわたって，子どもと本にかかわり文庫活動を担ってきた経験知は得がたく貴重なものである。家庭地域文庫への支援としては，団体貸出などの資料支援や研修機会の提供などの支援があげられるが，こういった幅広く長期にわたる実践経験に裏づけられた情報知識を，ほかの文庫関係者をはじめ，子どもと読書にかかわるさまざまな人々と，共有伝承してもらう場やしくみを設けることも責務の1つである。

　たとえば，埼玉県立久喜図書館の子ども読書支援センターは，以下のような連携支援を通じて，蓄積された経験の共有を図り，子どもの読書活動にかかわるさまざまな人との協働につなげている。

写真10-1　読み聞かせボランティア研修会の例（埼玉県立久喜図書館）

①読み聞かせボランティアの指導者養成と派遣：おはなしボランティアとして長い活動経験があり，図書館主催「おはなしボランティア指導者養成講座」修了者を指導者として派遣。派遣対象は，幼稚園や学校などで読み聞かせを始めたばかりの県内のボランティアグループの研修会（写真10-1）。
②子どもの読書にかかわる個人，団体を集めた交流集会の開催：科学読み物，わらべうた，読み聞かせなどの3分科会を年1回実施する。
③子ども読書支援ボランティア自身による情報発信の場：情報紙の発行，県内の活動団体の紹介，読み聞かせに使えるブックリスト作成，クリッピング。

第4節　図書ボランティアとの連携・協力

　近年，保護者を中心に学校で読み聞かせや本の修理をおこなう図書ボランティア活動が増加している。小学校では78.7％，中学校では24.1％の学校で図書ボランティアが活動し，活動内容の中心は小学校では95％が読み聞かせ・ブックトークなどの読書支援，中学校では52％が学校図書館の書架見出し・飾りつけ，図書の修繕などの支援となっている[4]。

その一方，経験のないままに読み聞かせに挑み，聴き手読み手ともに不満足な結果に終わったり，誤った修理がかえって資料を痛めたりするなど好意が活かされなかった事例も少なくない。

初めての挑戦が実りあるものになるよう，児童サービス担当者から，校内での読み聞かせのための選書や実施上の留意点について，あるいは，資料を守る簡易修理の方法などのアドバイスが有益である。学校ボランティア向けの研修機会を設ける必要があろう。

ボランティアの導入は労働力の安易な肩代わりが危惧される一方で，ボランティアとして学校図書館にかかわったことで，これまで外からは見え難かった学校図書館の役割が市民に知られるきっかけとなるのも事実である。授業内容を豊かにし，教育の根幹にかかわっていく学校図書館専門職の必要性を知り，配置を求める住民運動の原動力に転化する事例も多い[5]。

このようにボランティアとの連携は，地域の人々に図書館の役割を体感してもらえる広報活動ととらえることができる。それと同時に，児童サービスの専門家として，司書の力をより厳しく求められる側面ももつことに留意する。

設問

(1) 本章で紹介した学校・家庭地域文庫・ボランティア以外に，子どもの読書環境として地域で連携が有効だと思われる機関・組織を選び，展開内容を考えてみよう。
(2) 学校図書館への支援・連携がおこなわれている自治体の公共図書館を選び，連携関係に沿って作図し，公共図書館が果たしている役割について，900字程度でレポートせよ。

参考文献
1. 門脇久美子［ほか］『学校図書館は何ができるのか？　その可能性に迫る』国土社，2014年
2. 広瀬恒子『読書ボランティア－活動ガイド－』一声社，2008年

注）
1) 岩国市『学校・学校図書館との協働および家庭・地域との連携（第二次）』2010年3月，p.2。http://www.library.iwakuni.yamaguchi.jp/Suishin 2/keikaku.pdf（'15.1.24現在参照可）
2) 文部科学省初等中等教育局児童生徒課作成パンフレット。2012年5月。http://www.city.saitama.jp/003/002/008/005/p02188_d/fil/313.pdf（'15.1.24現在参照可）。
3) さいたま市立教育研究所　学校図書館支援センター「さいたま市学校図書館資源共有推進事業」http://www.saitama-city.ed.jp/tosyo/network-suishin/top.htm（'15.1.24現在参照可）。
4) 文部科学省児童生徒課『平成22年度「学校図書館の現状に関する調査」結果について（概要）』2011年6月。http://www.mext.go.jp/b_menu/houdou/23/06/__icsFiles/afieldfile/2011/06/02/1306743_01.pdf（'15.1.24現在参照可）。公共図書館内にセンターをおいた事例として，小郡市立図書館の取り組みも参考となる。小郡市立図書館『おごおりのとしょかん：25周年記念版』2013年3月，pp.22-24。http://www.library-ogori.jp/25 thAnniver.pdf（'15.1.24現在参照可）。
5) 東京都杉並区は，区民が地域ぐるみで学校教育をサポートする「学校支援本部」で知られるが，学校図書館でのボランティア活動を契機として「専任司書がいる学校図書館を実現する会」が組織され，学校司書の全校配置，教育センター内に学校図書館支援担当を設置する運びとなっている。学校図書館を考える全国連絡会「杉並区学校司書配置運動の成果と課題」『学校図書館を考える全国連絡会2010年，ひらこう！学校図書館』2010年，pp 32-51。

読書世論調査にみる児童・ヤングアダルトの読書の実態

　児童・ヤングアダルト（以下，YA）サービスをおこなうためには，当然のことながら，この世代の読書の実態を把握する必要がある。この章では，児童・YA世代の読書に焦点をあて，まず，読書調査について知り，代表的な調査に現れる傾向を読み取る。

第1節　読書調査

　読書調査は，図書館資料の収集・提供のためのデータとして重要である。図書館利用者を対象とするだけではなく，潜在的利用者の要求も汲み取ることが重要とされる。読書調査としてよく知られているのが，次の3つである。

① 　毎日新聞社「読書世論調査」：全国300地点の満16歳以上を対象に毎年実施。1947（昭和22）年に第1回調査がおこなわれて以降，2013（平成25）年で66回を数える。調査員が対象宅を戸別訪問し，質問調査票を渡し，対象者自身が記入したものをあとで回収する「留置法」による。

② 　全国学校図書館協議会・毎日新聞社「学校読書調査」：全国の小（4年生以上）・中・高生を対象に毎年実施。1954（昭和29）年第1回がおこなわれて以降，2014年で60回を数える。教室で質問用紙を配布して，教師が1問読み上げて説明を加え，質疑を受けてから一斉に記入をおこなう「逐次法」による。

③ 　家の光協会「全国農村読書調査」：全国60地点の16歳以上79歳以下の男女を対象に毎年実施。1946（昭和21）年に第1回を実施（1950年から「全国農村読書調査」と調査名を変更）して以降，2013年で68回を数える。調査員による「訪問留置・訪問回収法」。

　これらのほかにも，不定期または単発で，さまざまな調査がおこなわれている。たとえば，2004（平成16）年に文部科学省の委託により実施された「親と子の読書活動等に関する調査」[1)]は，公立の小学校2年生と5年生，中学校2年生および高等学校（全日制普通科）2年生の児童生徒およびその保護者を対象に，子どもと保護者の読書の状況，保護者の読書活動が子どもの読書活動に及ぼす影響，マンガと読書の関係，地域の環境と読書の関係などを明らかにしたもので，調査年はやや古いが，一度目を通しておくとよい。また，2014年（平成25）年2月に発表された国立青少年教育振興機構の『子どもの読書活動の実態とその影響・効果に関する調査研究報告書』[2)]は，児童・YA時代の読書活動が，成長してからの意識・能力に及ぼす影響や効果などについて初めて明らかにした調査で注目に値する。

全国レベルの読書調査以外にも，ほかのテーマとの関連で読書を扱ったもの，後述の読書推進計画との関連で各自治体がおこなった調査，海外の読書調査など，図書館員が知っておくべきものは多数ある。国際子ども図書館の「子どもの読書活動に関する調査」[3]のページに，これらを集めたリンク集があるので利用するとよい。そのほか，各公共図書館が独自に読書調査を企画実施してホームページなどで公表しているものもある。

　なお，わが国では児童・YA世代を対象とした読書調査はかなりの実績があるが，幼児・保育児童を対象としたものはほとんどおこなわれておらず，今後の課題であろう。

　以下，児童の読書実態を次節で，YA世代の読書実態を第3節で扱う。これらをよくふまえて児童・YAサービスを展開する必要があることは論を待たない[4]。

第2節　児童における実態

a. 読書時間の確保

　公益社団法人全国学校図書館協議会と毎日新聞社で毎年，5月1カ月間を対象に調査している「学校読書調査」[5]の過去20回分の結果を見ると，児童の読書量が増加傾向にあることは明らかである（図11-1）。1988（昭和63）年に「朝の読書」が提唱・実践され，2001（平成13）年には文部科学省の「21世紀教育新生プラン」[6]のなかでも「朝の読書活動の推進」が取り上げられた。以来，「朝の読書タイム」「昼休み全校一斉読書タイム」など，設定時間こそ異なるが，多くの小学校で10分～15分程度の全校一斉読書の時間が確保されてきている。2011（平成23）年4月から施行されている学習指導要領では，学校図書館の活用がより明確に記され，全教科・領域での言語活動の充実が求められている。それにともない，国語科の教科書にも読書をうながす本の紹介が，これまで以上に多く記載されている。読書冊数の増加には，一方でこうした学校教育の変化などが少なからず影響していると考えられる。

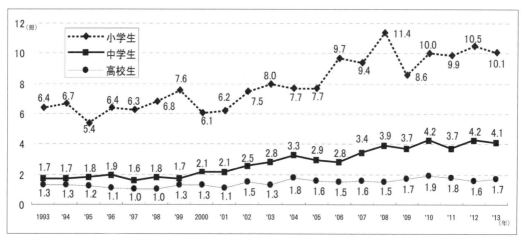

図11-1　第過去20年間「5月1か月間の平均読書冊数」
出典：全国学校図書館協議会 http://www.j-sla.or.jp/material/research/54-1.html（'15.1.24現在参照可）

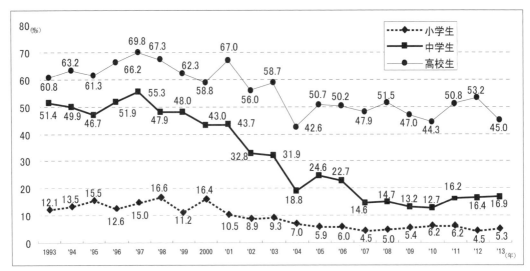

図 11-2　過去 20 年間「不読者（0 冊回答者）の推移」

出典：図 11-1 と同じ

　他方，わが国は 2000（平成 12）年を「子ども読書年」と定め，同年，国際子ども図書館が開館した。さらに，2001 年，「子どもの読書活動の推進に関する法律」が制定公布され，翌年，国の基本計画（第 1 次）が出された。各自治体ではこれを元に子ども読書推進計画が策定されている[7]。このように国や自治体が読書振興に力を入れたことも追い風となっているといえる。

　1990 年代，活字離れが危惧されたが，まったく本を読まない不読者の割合も低下している（図 11-2）。国の基本計画（第 3 次）でも，2022（平成 34）年を目途に，不読書率の半減を目標に掲げた。

b. 何を読んでいるか

　読書の実態や傾向には個人差があるが，ここでは，「学校読書調査」をもとに，一般的な傾向を述べることとする。児童の興味や関心は，個々の発達課題とかかわりをもち，自分のもつ課題解決に役立つ本に対しては興味を示し，集中して読む。このことは，どの学年にも共通する[9]。

　中学年は，ギャングエイジ（gang age）[8]といわれる時期で，エネルギッシュに活動し，友だちの範囲が広がったり，仲間意識が高まったりする。直感や経験をもとにした部分的思考から，全体を見通した論理的思考へ移行し，具体的な自然事象や社会事象を通して，論理的に考えるようになる。また，大人の定めた価値への従属ではなく，自分の目で真偽を見極めようとする傾向も見られる[9]。

　こうした発達段階のなかで，児童が好んで読む『かいけつゾロリ』『怪談レストラン』は，10 年前の「調査」でも書名を確認することができるほど根強い人気がある。近年では，『黒魔女さんが通る』『名探偵』などのシリーズものや，『魔女の宅急便』『風の谷のナウシカ』などのアニメ絵本も多く読まれている。『ハリーポッター』のシリーズも人気がある。10 年前にはみられた『江戸川乱歩』シリーズや『わかったさん』シリーズは，近年の「調査」データにはみられなく

なった。かつて非常に人気の高かった『ズッコケ三人組』も姿を消した。まったく読まれないわけではないが，好んで読むかどうかという点で，読書傾向は時代により変化すること，さらに，子どもたちの間で今何が読まれているかをふまえることが重要である。

c．読書傾向の男女差

　高学年になると，人とのかかわりのなかで自分ならどうするかを考え，悩み，物語に励まされて問題を解決する糸口を見つけ出すこともある。また，知識欲や知的探究心が強くなる。成長の男女差は，読書傾向にも現れる。

① 男　子：漫画化された『日本の歴史』『三国志』や伝記も好み，織田信長，豊臣秀吉，徳川家康などの戦国武将，勝海舟や坂本龍馬，聖徳太子など男性の被伝者が多くなる傾向がある。戦国武将に興味をもつきっかけは，6学年の社会の授業だけではなく，ゲームなどの影響も大きい。ゲームに出てくる武将に興味をもったところから，伝記を読む行為へと誘われる児童もみられる。『松井秀喜』『イチロー』など，現代において活躍したスポーツ選手ものもよく読まれている。

　フィクションでは，『江戸川乱歩』『シャーロックホームズ』『ハリーポッター』『デルトラクエスト』シリーズなど，話の展開が速く冒険的な要素，推理小説の要素，ゲーム的な要素を含む本が好んで読まれている。

② 女　子：高学年の女子児童は，『若おかみは小学生』『黒魔女さんが通る』『一期一会』シリーズ，ケイタイ小説の『恋空』，映画化やドラマ化された『謎解きはディナーのあとで』『ぼくらの七日間戦争』など，中高生が好んで読む本も手にとっている。10年ほど前にみられた『ハッピーバースディ』『天使のいる教室』などは，最近の「学校読書調査」の回答からは姿を消した。

　伝記に関しても男子児童とは異なり，『ヘレンケラー』『キュリー夫人』『アンネフランク』『マザーテレサ』『レーナマリア』など女性を被伝者としたものが多く読まれている。

③ 伝記について：男女を問わず高学年になると思春期にみられる「自分探しの旅」が始まっているようで，ただ単に教科書に出ていたからとか，先生や友だちから紹介されたから，というだけではない。児童は，読書を通して，被伝者の生き方に共感したり，考えさせられたりすることで，自分の内面的な部分を育んでいるといえる。

　ただし，全体的な傾向として，伝記および世界・日本の名作文学は読まれなくなっている傾向があることを指摘しておきたい[10]。

d．読書の量と質

　児童の読書傾向は，近年の「調査」データからもわかるように，児童にとって楽しくて読みやすい本に人気が集まる。娯楽的な読書に浸ったり，本を読むことの楽しさ，空想することの楽しみを得たりする経験は重要である。一方で，自分の知らなかった知識や情報を獲得する読書や自分の人格や特性が深められるような読書も必要である。児童がそのときにもっている読書能力を目一杯駆使してさらに高める機会がなければならない。児童サービスを担当する図書館員は，

「調査」などから一般的な児童の読書傾向を把握し，かつ，来館する子どもたちの日常の様子などを観察し，その時期その子どもの実態に応じた適書を手渡していくことが求められる。これをなくして児童の読書の量と質を高めること，すなわち，彼らの読書能力の発達を促し，今後の読書生活を支えていく，本当の意味の読書支援とはならない。

第3節　YAの読書実態調査

a. YA「読書離れ」は本当か

　「若者の読書離れが著しい」といわれて久しい。しかし，それを口にする場合も，何をもって「読書離れ」とするのかまでは明確にされないままのことが多い。ここでは，まず，「読書離れ」の実態からみることにする。

　2013（平成25）年に実施された第59回学校読書調査の「5月1か月間の平均読書冊数」を児童生徒の年代別の比較でみると，小学生10.1冊，中学生4.1冊，高校生1.7冊となっており，年齢の上昇にともない本を読む冊数が大きく減少していることがわかる（図11-1）。これは，小学校のときはよく本を読んでいたが，進学するにつれ部活や受験勉強に時間をとられ，あるいは友だちづきあいやアルバイトに関心が向き，本を読む量が少なくなってきていることが一因として考えられるだろう。一方，中学生，高校生それぞれの学校段階ごとの推移に注目し，これを10年単位の長期的なスパンで眺めてみると，（年によって多少の増減の変動はあるものの）中高生の読書冊数は増加傾向にあることがわかる。たとえば，中学生は2000年の2.1冊を境に上昇しており，2010年および2012年には4.2冊という倍の数値を記録している（この数は同時に中学生の過去最高値でもある）。高校生は中学生ほどの伸び率はないものの，じわじわとした増加傾向にある。

　また，同調査の「不読者（0冊回答者）の推移」（図11-2）を同様に眺めてみると，やはり1990年代後半から2000年ごろを境にして，とくに中学生において大幅な減少がみられる。このように，最近のYAは以前に比べて「読書離れ」していないことがわかる。

　別の調査もみてみよう。一般社団法人家の光協会が2013（平成25）年に実施した「第68回全国農村読書調査」[11]では，全国（主に農林業地域）の16歳以上79歳以下を調査対象にしており，広く年代別の読書状況の比較ができる。過去1カ月に書籍を読んだ人の平均読書冊数をたずねる設問で，年代別内訳をみると，10代が7.5冊とトップで，年代が上がるにつれて読書率が低くなる傾向がある。このように，成人との比較においても，YAが「読書離れ」しているとはいいがたい。

　YAは，読書行為そのものについてもよいイメージをもっている傾向にある。第55回学校読書調査（2009年）では，この年度固有の設問として，「本を読むことは好きか」を尋ねた。「大好き」「どちらかといえば好き」と回答した割合をみると，中学生76.1%，高校生72%となっている。同じく「本を読むことは大切だと思うか」という質問では，「大切だと思う」「どちらかといえば大切だと思う」を合わせると，中学生88.1%，高校生87.5%である。いずれも非常に高い

割合を示している。

　つまり，最近の YA は昔に比べてたくさん本を読んでいるし，成人との比較においても最も本を読んでいる世代ということができる。いいかえれば，YA 世代は，本を読むことそのものが好きだし，読書の価値についても高く評価しているということである。

　こうした傾向の背景には，学校における「朝の読書運動」の全国的な広がり[12]や，国や区市町村における子ども読書活動推進計画の施行をはじめとした YA をとりまく読書環境の整備がなされてきたことの影響が大きいだろう。その成果がこうした数値にあらわれたと考えられる。

b. YA の読書の特徴

　YA が読みたい本を選ぶとき，そのきっかけとなる基準はなんだろうか。これについては，第 56 回学校読書調査（2010 年）で質問している。中学生，高校生ともに断然多いのが「本の題名」「表紙」である。いわゆる「ジャケ買い」で，魅力的なタイトルや表紙のイラストをはじめとした「見た目」に惹かれて YA は本を手に取る。次いで多いのが「世の中の人気や評判」「映画やテレビの原作」である。

　加えて，原作を映画化・ドラマ化するのとは逆にアニメ・映画・漫画・ゲームを文字化したもの（いわゆるノベライズ作品）も多く手に取られる傾向があることもわかっている。

　YA といえば流行やブームに最も敏感な世代である。映像化をはじめとしたメディアミックス[13]作品へはおのずと親しみやすさが湧くのであろう。こうした傾向は，「学校読書調査」の「5月1か月間に読んだ本」の中高生の上位タイトルを見れば一目瞭然である（巻末資料14）。

c. YA の図書館利用調査

　ところで，第 56 回学校読書調査の「どうすれば本を読む児童生徒がもっと増えるか」という質問に対する回答の第 1 位が，中学生，高校生ともに「値段をもっと安くする」となっていることに注目したい。本を読むことは好きだけれど，お小遣いが限られている YA が「もっと安く」

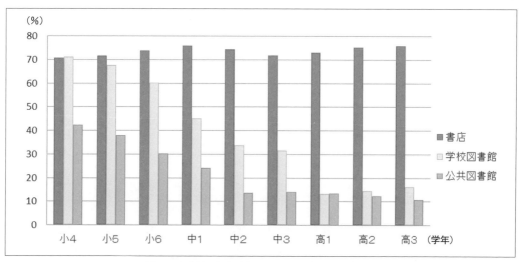

図 11-3　書店，学校図書館，公共図書館の利用頻度
出典：全国学校図書館協議会『学校図書館』No.757，2013年11月，p.34-35 より作成

と望むのは当然である。しかし，そうであればもっと図書館が利用されて然るべきなのだが，各種の調査が示しているのは，YAの図書館利用による読書率は残念ながら高いとはいえないということである。

たとえば，先の第68回全国農村読書調査に，「書籍の購入先または借用先と入手先」という設問がある。16～19歳の1位は「書店」で，その割合が94％と非常に高い数値をあらわしているのに対し，「図書館・公民館」は12％にとどまっている。

また，第58回学校読書調査（2012年）では，「書店と学校図書館と公共図書館の利用頻度」に関する設問がある。3者の利用を比較すると，公共図書館の利用がほかの2者に比べて低いことがわかる（図11-3）。駅の近くに多いなど，書店特有の利点はあるにせよ，書店の何がYAをひきつけるのかを分析し，選書やコーナーづくりに活かし，PR方法をあらためて見直すなど，YA世代をひきつける工夫を重ねる必要がある。

d. YAに対する読書指導の今後

従来のYAサービスは，小説を中心とした趣味や娯楽のための読書支援に偏りがちであった。そして，上で見たように，YAは，本は読むのに図書館を利用しない。では，そうしたYAを図書館にひきつけるためには，どうしたらよいだろうか。詳細はほかの章に譲るが，「古い，静かすぎる，飲食禁止」といった多くのYAがもつ図書館のマイナスイメージの払拭，サービスのPRの工夫，読書支援の方法の見直しなど，従来のYAサービスにとどまらない新たな発想や実践が必要である。

他方，PISA（OECD生徒の学習到達度調査）をきっかけとしたYAの読解力の向上といった社会的な要請も出てきている。今後は，楽しみ，味わうための読書のみならず，かれらが生きていくうえで必要な情報を読み取る力，すなわち真の意味での「読解力」養成のための読書支援に，より一層注力すべきである。

設問

(1) 児童およびYA世代の読書の実態について，本章を読んで理解したことをまとめ，自分の経験をふまえたうえで，自らの見解を900字程度で述べなさい。
(2) 読書調査をおこなっている自治体（公共図書館）を1つ選び，その調査の概要と結果の主だった内容を900字程度にまとめ報告しなさい。

参考文献

1. 全国SLA研究調査部「2013年度学校図書館調査報告」『学校図書館』757号，2013年11月ほか，同誌毎年度の11月号
2. 家の光協会『全国農村読書調査のあゆみ：1946-2012』2013年

注）
1) 財団法人 日本経済研究所「平成16年度文部科学省委託事業　図書館の情報拠点化に関する調査研究　親と

子の読書活動等に関する調査」http://www.mext.go.jp/a_menu/shougai/tosho/houkoku/05111601/001.pdf（'15.1.24 現在参照可，以下同じ）。この調査は，幼児期の読書体験や読書環境が子どもの読書活動に，親の読書活動が子どもの読書活動に及ぼす影響について把握し，また，文献調査を通して，地域の図書館が親と子の読書活動に及ぼす影響を分析することを目的に実施された。

2) 国立青少年教育振興機構「子どもの読書活動の実態とその影響・効果に関する調査研究 報告書－子どもの頃の読書活動は，豊かな人生への第一歩！－」（概要）平成 25 年 2 月，http://www.niye.go.jp/kanri/upload/editor/72/File/kouhyouhappyou.pdf。

3) 国際子ども図書館の「子どもの読書活動に関する調査」http://www.kodomo.go.jp/promote/research/data.html。

4) 公共図書館における児童・YA サービスの実態については次の調査がある。大阪市立大学学術情報総合センター図書館情報学部門『公立図書館におけるヤングアダルト・サービス実態調査報告』日本図書館協会共同刊行，2003 年，62p．および，日本図書館協会児童青少年委員会 編『公立図書館児童サービス実態調査報告』（『日本の図書館 2003』付帯調査），2004 年，101p．。

5) 全国 SLA 研究調査部「2013 年度学校図書館調査報告」『学校図書館』757 号，2013 年 11 月，pp.12-61，あるいは，毎日新聞社『2013 年版読書世論調査 第 65 回読書世論調査 第 58 回学校読書調査』毎日企画サービス，2013 年，pp.69-136．。

6) 文部科学省「21 世紀教育新生プラン 学校，家庭，地域の新生～学校が良くなる，教育が変わる～」2001 年 1 月 25 日，http://www.mext.go.jp/a_menu/shougai/21plan/main_b2.htm。

7) 2013 年 5 月現在，国の第 3 次計画が公表されている。「子どもの読書活動の推進に関する基本的な計画」（本文）http://www.mext.go.jp/b_menu/houdou/25/05/_icsFiles/afieldfile/2013/05/17/1335078_01.pdf。ただし，ポイントを押さえるには次のものが便利。文部科学省スポーツ・青少年局青少年課「第三次『子ども読書活動推進基本計画』について（概要）」2013 年 5 月 17 日，http://www.kodomodokusyo.go.jp/happyou/hourei.html。

8) ギャングエイジとは，子どもの発達段階における用語で，小学校 3,4 年ごろの仲間意識の強い時期をさす。子どもの遊び集団が，外の集団と（ときに暴力的に）対立・あつれきを起こすとき，仲間意識や内的規範が確立され，gang（群れ，グループ，集団の意）となる。集団の特徴は，同性の 4～5 人あるいは 7～8 人程度からなり，きわめて閉鎖性が高く，役割分担，構成員だけに通じる約束やルールなどが存在する。子どもは，この集団のなかで，自己中心的な段階から脱却し，協力や連帯，リーダーシップといった社会性を学んでいくとされる（『教育学用語辞典』第 4 版改訂版，学文社などを参照）。

9) 児童の発達段階と思考や行動の特徴を知るには，児童心理学や発達心理学関連の書籍が役に立つ。出版点数も多いので，図書館なら適当なものがすぐ見つかるだろう。ここでは，次の 4 点を推薦しておく。青木多寿子・戸田まり編著『児童心理学』（心理学のポイント・シリーズ）学文社，2009 年。多鹿秀継・竹内謙彰編著『発達・学習の心理学』学文社，2007 年，桜井茂男［ほか］著『子どものこころ：児童心理学入門』有斐閣，2003 年。椙山喜代子・渡辺千歳編著『発達と学習の心理学』学文社，2000 年。

10) 倉見和江「子どもたちが本を読まなくなったというのは本当か 1980 年代後半から 2000 年代を中心とした子どもたちの読書の変容と将来」2008 年 12 月，表 5 および表 6。

11) 社団法人家の光協会「第 65 回全国農村読書調査」2012 年 3 月 24 日，http://www.ienohikari.net/bunka/pdf/pdf_2010.pdf（'15.1.24 現在参照可）。なお，2014 年 3 月現在，最新データとして 2013 年調査結果が公表されているが，例年に比べ調査規模が小さいなど，東日本大震災の影響を受けていると思われるため，本稿では 2010 年の調査結果を参照した。

12) 朝の読書運動の実施状況については，次が参考になる。朝の読書推進協議会「全国都道府県別実施校数」http://www.mediapal.co.jp/asadoku/data/index.html。

13) メディアミックスとは，広告の効果を高めるため，1 つの作品を，小説，マンガ，アニメ，ドラマ，映画化するなどして，複数のメディアを組み合わせて展開することをいう。

12 児童・ヤングアダルトへのレファレンスサービス

　この章では、児童・ヤングアダルト（以下、YA）サービスの一環としてレファレンスサービスをおこなう場合の意義・留意点について解説する。その前提として、レファレンスサービスの基本について（本シリーズ第4巻『情報サービス論』や参考文献1など参照）学んでおいてほしい。

第1節　児童・YAサービスとしてのレファレンスサービス

　公共図書館におけるレファレンスサービスは、利用者が知りたい事柄を利用者に代わって調べるサービスであり、また、自ら調べられるようになりたいと思う利用者には調べ方を教えるサービスである。前者を情報提供機能という言葉で、後者を教育機能という言葉で表す（参考文献1）。
　児童・YAサービスに対するレファレンスサービスもこの枠のなかでおこなわれる。しかしながら、成人向けのレファレンスサービスとはまた異なったこの世代特有の留意点もある。具体的には、これら世代の日常の多くの時間を占める学校教育に配慮すること、学習支援という面を考慮すること、利用指導[1]という要素を加味すること、そのためには学校図書館との連携が不可欠であることなどがあげられる。その際、サービスの結果が、学校教育にとどまらず、高等教育、さらに生涯学習へとつながっていくことを展望できるか否かが重要である。
　以下、次節では児童に対する場合、第3節では、YAに対する場合を取り上げ、具体的な質問回答の場面を想定しつつ、留意点・望ましい回答の姿勢などを示す。

第2節　児童へのレファレンスサービスのあり方

a. 児童に対するレファレンスサービスのポイント

　重要なポイントとなるのが児童理解と質問理解である。このとき、相手が児童であることをふまえたレファレンスインタビューが鍵となる。
　「ガマくんの本が見たい」という児童がいた。図書館員は、幼い子が「ウサギさん」「ライオン君」のように動物に「さん」「君」をつけているものと思い、両生類のガマの本を紹介した。ところが、それは児童が求めているものとはまったく異なっていた。その児童は、国語の授業で習ったアーノルド・ローベル（Arnold Lobel, 1933-1987）[2]の「おてがみ」（ローベル作『ふたりはともだち』[3]に収められた短編。写真12-1）がおもしろかったのでそのシリーズを読みたかったのである。このようなことは、児童を相手にする場合めずらしいことではない。挿絵、あらすじ、物語の一場面からその本が読みたいといってくる相談も多い。たとえば、「トミエさんの車にネコが

いっぱい乗っている絵のある本」など。児童向けのレファレンスサービスは，概して，資料を知らないと回答できない難易度が高いものとなる。レファレンスサービス担当者は，努めて資料に精通することが求められる。しかし，すべての資料を知ることは不可能に近いので，調べるためのツール4)を活用する技術を身につけておくことが必要である。

写真 12-1 『ふたりはともだち』と「おてがみ」

また，「おもしろい本ありますか」といった曖昧な表現で，レファレンスの回答を求められることもしばしばである。これは簡単なようでいて最もむずかしい質問である。この場合の「おもしろい」とは，「図書館員のあなたがおもしろいと思う本」ではなく「自分が読んでもおもしろいと思える本」を聞かれているのである。児童が，何を求めているのかをよく把握することが，その児童が求めているものにたどりつく最短距離である。

一方，宿題や課題のために図書館を訪れる子どもたちがいる。かれらは，学校における図書館利用指導のなかで探究学習スキルを学んでいるはずだが，まだ課題を焦点化できないことが多い。たとえば，「昆虫について知りたい」といった漠然とした質問をしてくる。昆虫の何が知りたいのか，対話をしながら明らかにすることから始めなければならない。昆虫の種類なのか生態なのか，飼育方法なのかによって，紹介する本も変わってくる。児童に対するレファレンスサービスは，段階を踏んで，根気よく児童を納得（自分の疑問と資料から得た情報とを照らし合わせ適否を自分で判断し結論づけて次の段階に進む）させながら対応することが求められる。

児童の知識量も考慮しなければならない。たとえば，低学年であっても電車や鉄道の知識は大人顔負けということがある。こうした子どもに児童向けの図鑑を紹介したのでは満足できないわけである。かなり高度な資料のほうが欲求を満たせることもある。成長過程にある児童からのレファレンス質問では，児童の能力把握も大切なポイントである。

b．学校との連携

同じ地域の公立学校に通う児童は，同じ教科書を使用し，同じような時期に同じ単元の学習をしている。したがって，公共図書館で調べる活動も重複してくる可能性が高い。何年生の児童が，どのような時期に，どんな課題をもって来館するか把握しておくことが大切である。その情報を得るには，学校だより，学校図書館だより，各教科の年間学習計画，学校図書館活用年間計画などを取り寄せるとよい。また，司書教諭や学校司書との連絡会をもち，定期的に打合せすることが有効である。学習指導要領の改訂など，カリキュラムが変わったときはとくに注意を要する。

毎年ほぼ同じような時期に児童がレファレンスサービスを求めて来るので，そのときに残したレファレンス記録によって館員間での情報の共有化を図ることができる。国立国会図書館と全国の図書館などが協働で構築する「レファレンス協同データベース」を活用することも便利である。参加館に寄せられた質問や回答サービスの事例，調べ方，コレクション情報などが公開されてい

る。近年，学校図書館もこれに加わりはじめている。

c. 宿題支援と回答禁止

「この字なんて読むの」と児童が質問してきた場合，なぜその質問をしているのか配慮する必要がある。辞典を活用して漢字の読みを調べる宿題をしているなら，この質問に答えることはできない。そうではなく，たとえば，探究学習の最中に，たまたま習ったことのない漢字に出会った場合ならこの限りではない。この質問に回答しなければ児童は先に進むことができなくなってしまう。時と場合，児童の発達段階などを考慮し，臨機応変に対応することが求められる。

学校では，百科事典や年鑑などレファレンスツールの使い方を学習する。ただ，頭で理解していることと実際に使えることとは異なるものである。実践しながら覚えるとしっかり身についていくので，ときには使い方を教えることが有効な場合もある。また，児童は1つのレファレンスツールで課題に対する答えが出てしまうと，それで満足してしまうことがままある。状況に応じて，ほかの資料も検索することや情報を比較するようアドバイスが必要な場面もある。

d. 特別な支援を必要とする児童へのレファレンスサービス

特別な支援を必要とする児童は，身体的な理由で墨字(すみじ)が読めなかったり，音が聞き取れなかったりする児童ばかりではない（第7章で詳述）。また，帰国児童や外国籍の児童に対するサービス（多文化サービス）も必要となる。こうした児童も，ほかの児童と同じように情報にアクセスする権利がある。公共図書館の原則に照らしても対応が求められるのは当然である。図書館員は，なんらかの理由により情報にアクセスできない「障害」に関して理解を十全にし，地域において学校図書館とも連携しつつ，適切な支援を実施する必要がある。

第3節　YAへのレファレンスサービスのあり方

a. YA向けレファレンスサービスのポイント

YAサービスの基本は，世代の特徴に合わせた気遣いと利用教育にある。彼／彼女らは"大人初心者"であり"図書館初心者"であるため，求める資料を探し出すことに不慣れである。職員にSOSを出せればよいのだが，それは私たち大人が想像する以上に困難をともなうようだ。YA利用者にとってカウンターの壁は高いのである。実際の対応場面を描いてみよう。

カウンター付近で，あるいは書架の前で往生しているYAを見かけたときは，「何か探してるの」と気軽な感じで声をかけてみる。ポツポツと言葉が出てくる。そこで，彼／彼女が何を求めているのか，見当をつける。おおよそのニーズをとらえたら，図書館の利用方法や資料の探し方のコツをさりげなくレクチャーしつつ，書架に誘導し実際に本を手に取って一緒に開いてみる。この「図書館の利用方法や資料の探し方のコツをさりげなくレクチャーしつつ」というところが鍵である。たとえば，「サッカーの本を探しているのなら，この背ラベルの数字がポイント。一般フロアの783.4の棚には，そのジャンルの本がまとまっておいてあるよ」「この本の奥付にある出版年を見てごらん。10年以上も前に出版されているね。そのテーマを調べるなら，より最

近の本にあたる必要があるよね」といった表現アプローチが効果的である。

とはいえ，あまり積極的に話しかけると逆に身構えられてしまう場合もあるので，踏み込みすぎないよう，距離の取り方には注意が必要である。

直接質問することが苦手なYAのために，いわゆる「落書きノート」や「掲示板」（写真12-2）を用意して質問を書き込んでもらうやり方もある。また，ある程度自力で求める情報へたどり着けるよう，書架のサインを工夫したり，課題解決のためのパスファインダー5)を作成するなど，さまざまな「仕掛け」をあらかじめ用意しておくことも大切である。

以上のような，利用教育を兼ねた気遣い，すなわち，「ちょっとしたおせっかいを焼くこと」で，かれらは次第に自力で資料を探し出す能力を身につけていく。成熟した図書館ユーザーを育成することは，YAサービスの重要なミッションの1つでもある。

写真12-2 掲示板の例（相模原市立橋本図書館）

b. 宿題支援

探究学習をはじめ，修学旅行の事前調べ，職場体験学習のための職業調べ，夏休みの自由研究など，宿題や課題解決のために図書館に足を運ぶYA利用者は多い。

宿題のレファレンス質問を受けた場合，まずは急(せ)かさずにじっくり話を聞いてあげよう。要求を的確に伝えられるYAは稀である。照れくささが邪魔をしてぶっきらぼうにしか発言できなかったり，そもそも自らの課題を把握しきれていなかったりする場合が多い。また，夏休みの最終日など，質問者にとって緊急を要する切実なレファレンスサービスも受けることもある。何をどこまで調べたいか，どこまでの手助けを図書館員に求めているのか，素早い対応ができるよう事前準備をしておくことが大切になってくる。学校と連携してあらかじめ宿題に関する情報収集をしておくことは効果的である。

学校とスムーズな連携をとるためには，司書教諭や学校司書との「パイプづくり」が重要となる。たとえば，年度始めの切り替えの時期（年度始め，教師は慌ただしいのでほかの時期が望ましいこともある）を狙い，顔合わせとサービスのPRを兼ねた学校訪問をおこなうとよい。このとき，学校の年間行事予定表をもとに，どの時期にどんな資料が必要とされ，どんな宿題が出されるのかについて確認しあう。また，学校図書館と公共図書館の蔵書を互いに見学しあい，不足資料のチェックや，蔵書の「棲み分け」について話し合い，共通認識をつくることに努める。

情報収集が済んだら，必ず自館の蔵書チェックをしておく。テーマ別の資料リストやパスファインダーを作成することも有効である。これらはファイリングしてYAコーナーやカウンターなどにおいて利用してもらうのはもちろん，図書館のホームページに掲載しておけば，YA担当以外の職員が対応する際にも有効なツールとなり得る。もちろん，作成したリストやパスファイ

ンダーは定期的にチェックし，更新を怠ってはならない。

宿題や課題の成果発表に，公共図書館が場を提供する事例も見られる（写真12-3）。ここまでやれれば宿題支援も完璧である。

c. 趣味や娯楽のための読書案内

「バレーボールの技術上達の本はある？」「いま片思いをしているんだけど，泣ける恋愛小説ってある？」「何かおもしろい本ない？　YA担当さんのおすすめ本を教えて」こうした類の質問は，いわゆる「落書きノート」や「掲示板」に書き込まれることが多い。「落書きノート」や「掲示板」だからこそ出てきた質問といってもよい。前述したとおり，図書館初心者のYAにとって，自らの課題を解決するための資料を自らの力で探し出すことは困難をともなう。かといって，こうした趣味や娯楽に関する個人的な質問をカウンターの大人に気軽に聞けるかといえば，それはこちらが想像している以上に抵抗を感じているのである。ノートや掲示板は，YAの情報発信やYA同士のコミュニケーションのためだけではなく，レファレンスサービスにおいても大変有効なツールとなり得る。書き込まれた質問に対しては，確実に返信をする。その際，図書館の利用方法や資料の探し方のコツをさりげなく混ぜるなど，「ちょっとしたおせっかい」を同時におこなうと利用指導も兼ねることができて一石二鳥である。

写真12-3　高校生による成果発表の例（岡山県立図書館）

d. 悩み相談もレファレンスサービス

ノートや掲示板を継続して長くやっていると，だんだん"常連"のYAがついてくる。そうした子たちは徐々にYA担当に心を許し，ときには深刻な悩み相談を打ち明けてくることもある。「いじめに悩んでいる。学校に行きたくない…」「自分には○○という夢があるのでこういう進路を選びたいけれど，親や教師が理解してくれない。このままでは夢をつぶされてしまう。どうしたらいいか（助けてほしい）」といった切実な相談を受けて戸惑うこともある。こうしたケースには，迅速で的確な対応が必要である。図書館員は，カウンセラーではないので，個人的なアドバイスをするのではなく，あくまで適切な情報提供によって解決の手助けをおこなうべきである。相談内容によっては，地域の専門機関へ喫緊に「つなぐ」（すなわちレフェラルサービス）ことも大切になってくる。そのため，あらかじめYA世代の身に降りかかる可能性の高い問題に対して，どのような機関がどういった支援をしているかを調べておくことが重要である。

e. YA向けレファレンスサービスのめざすもの

YA世代とは，そもそもたくさんの課題をかかえている世代である。利用教育を兼ねた気遣い＝「ちょっとしたおせっかいを焼くこと」で，自ら問題解決がはかれる「生きる力」を身につけることができる。繰り返しになるが，必要な情報を探し出し，読み解き，自己判断を下すことのできる成熟した図書館ユーザーを育成することは，YAサービスの重要なミッションの1つである。現場担当者としての経験からいえば，YA担当者は，親や教師といった「タテの関係」でも，友

だちという「ヨコの関係」でもない，いわば「ナナメの関係」である。いいかえれば，メンター（信頼のおけるよき相談相手）となりえるのである。であればこそ，自分自身，信頼感を相手に与えるような"生き方"が求められるし，気軽に悩みを相談できる雰囲気づくりも大切になる。そのぶん，図書館員としてのやりがいも大きい。

設問

(1) 児童に対するレファレンスサービスについて，対象の特徴，留意点を900字程度で述べなさい。
(2) YAに対するレファレンスサービスについて，対象の特徴，留意点を900字程度で述べなさい。

参考文献
1. 竹之内禎編著『情報サービス論』（ベーシック司書講座第4巻）学文社，2013年
2. 半田雄二『ヤングアダルトサービス入門』教育史料出版会，1999年

注）
1) かつてレファレンスサービスを情報提供機能だけに限定する考え方があったが，現在は，公共図書館も教育機能を重視する方向に向かっている。児童・YA世代に不可欠な学習支援という立場では，この狭義のレファレンスサービスは十分ではない。狭義のレファレンスサービスに対して，図書館を活用してさまざまな課題を解決することを学ばせる指導を文部科学省は「図書館活用指導」という言葉で表現したように思われる。これからの図書館の在り方検討協力者会議「司書資格取得のために大学において履修すべき図書館に関する科目の在り方について（報告）」平成21年2月，別紙2「児童サービス論 8）学習支援としての児童サービス」。
2) 米国の絵本作家・画家。70冊以上の作品を世に送りだした。とくに"Frog and Toad"シリーズ（「ふたりは○○」シリーズ）や"Mouse Soup"（邦訳：アーノルド・ローベル作，三木卓訳『おはなし ばんざい』文化出版局，1977年）が有名。人気，評価ともに高く，日本では国語の教科書に採用されている。1981年，米国図書館協会（ALA）傘下の児童図書館サービス協会（ALSC）が，国内で出版された最もすぐれた子ども向け絵本に毎年授与しているコールデコット賞（Caldecott Medal award）を受賞した。
3) Arnold Lobel, *Frog and Toad are Friends*, (I Can Read Book 2), New York, HarperCollins, c1970. 邦訳：アーノルド・ローベル作，三木卓訳『ふたりはともだち』文化出版局，1972年。なお，「お手紙」は，光村図書出版，日本書籍，大阪書籍，教育出版などが発行する，主に小学2年生の国語教科書に収録されている。
4) 先の例だと，猫をテーマにした解題つきの目録（葦原かも『まよなかのぎゅうぎゅうネコ』講談社，2014年）がある。こうしたツールを探して丹念に読むことが重要である。国立国会図書館は，児童書のストーリーから探せるリンク集を提供している（「ストーリーレファレンス」https://rnavi.ndl.go.jp/research_guide/entry/post-273.php，'15.1.24現在参照可，以下同じ）。「絵本ナビ　子どもに絵本を選ぶなら」（http://www.ehonnavi.net/）は，絵本の種類，おすすめ対象年齢，テーマなどから調べられる。また，ベテランの書店員が出版社と協力して，ほんのわずかな手がかりからでも調べようとしてくれるくらしと生協「店員が探します！　あの絵本なんだっけ？」というQ&Aサイトがあったが，閉じてしまったのが残念である。
5) 簡単にいえば「調べ方案内」のことである。あるテーマについての資料や情報を探すための館内での手順を簡単にまとめたもので，これを手引きにして，図書館で探したい資料を効率的に発見することができる。詳しくは，参考文献1，pp.82-84。なお，児童・YA向けのパスファインダーを作成している図書館については，国際子ども図書館のホームページ「子どもと本の情報・調査　キッズページリンク集　テーマ別に調べる」（http://www.kodomo.go.jp/info/kids/theme/）で参照できる。

13 児童サービスにかかわる法と施策

　この章では、児童サービスにかかわる法として、「子どもの読書活動の推進に関する法律」、および「文字・活字文化振興法」を取り上げ、法でうたわれている目的と内容について概説する。また、それらの法をふまえた基本計画などの策定状況や具体的な施策とその成果についても確認してみたい。

第1節　子どもの読書活動の推進に関する法律

　「子どもの読書活動の推進に関する法律」（平成13年12月12日法律第154号）は、2000（平成12）年の「子ども読書年」を契機としながら、「子ども読書活動振興法案作成プロジェクト」が設置され議員立法として法案の立法作業が進められた[1]。2001（平成13）年11月には、自民党、公明党、保守党、民主党の4党が国会に共同提起をし[2]、2001（平成13）年12月5日に「子どもの読書活動の推進に関する法律」は成立した（巻末資料1）。

　この法律には、子どもの読書活動の推進に関しての基本理念が定められており（同法第2条）、国および地方公共団体の責務などを明らかにするとともに（同法第3条・第4条）、政府が「子どもの読書活動の推進に関する基本的な計画」を策定・公表すること（同法第8条）、都道府県および市町村はその政府の基本計画を受け、地域における子どもの読書活動の推進状況に応じた子どもの読書活動の推進に関する施策についての計画を策定・公表するよう努めること（同法第9条）がうたわれている。また、4月23日を「子ども読書の日」（写真13-1）とすること（同法第10条）といった必要な事項が定められている。

　国の取り組みとしては、同法第8条にうたわれているとおり、「政府は、子どもの読書活動の推進に関する施策の総合的かつ計画的な推進を図るため、子どもの読書活動の推進に関する基本的な計画を策定」し、「国会に報告するとともに、公表しなければならない」とされている。そのため、2002（平成14）年8月2日には、第一次となる「子どもの読書活動の推進に関する基本的な計画」（以下、「基本計画」）が閣議決定され公表がなされた。この「基本計画」については、2002（平成14）年度からおおむね5年間にわたる施策の基本的な方向と方策を示

写真13-1　「子ども読書の日啓発ポスター」
〔2013（平成25年）度版〕
出典：文部科学省「子ども読書の情報館：文部科学省発表データ：子ども読書の日」
http://www.kodomodokusyo.go.jp/happyou/books.html（'15.1.24 現在参照可能）

したものとなっており，その後，2008（平成20）年3月11日には「第二次基本計画」，2013（平成25）年5月17日には「第三次基本計画」が閣議決定され公表されている。基本計画の内容については，大きく4点（表13-1）から成り立っている。

表13-1 基本計画の内容

①家庭，地域，学校を通じた子どもが読書に親しむ機会の提供
②図書資料の整備などの諸条件の整備の推進
③学校，図書館などの関係機関，民間団体等が連携協力した取り組みの推進
④社会的気運醸成のための普及・啓発

また，第二次と第三次の基本計画においては，それぞれ第一次と第二次基本計画期間における取り組みの成果と課題についても示されている（これについては，第3節にて解説する）。ここでは，第一次から第三次基本計画にいたるまで共通して示されている4点（表13-1）の特徴について整理しておきたい。

① 家庭，地域，学校を通じた子どもが読書に親しむ機会の提供

家庭教育に関する学習機会として，発達段階に応じた家庭教育に関する講座や子育て支援の一環として公民館などにおいておこなう読み聞かせなどの親子が触れ合う機会の提供を通じ，保護者に対し読書の重要性の理解の促進を図ることが示されている。また，地域のボランティアへの参加の促進や公立図書館を中心とした関係団体・機関と連携した事業の取り組みを通じて，子どもの読書活動を推進する取り組みの充実に努めるとされている。

② 図書資料の整備などの諸条件の整備の推進

図書館や公民館図書室など，地域における読書環境の整備が示されており，地方交付税措置されている図書館の図書資料の計画的な整備や図書館の情報化を推進していくこと。また，専門的知識・技術を習得することができるよう司書の研修の充実を図ることとしている。

③ 学校，図書館などの関係機関，民間団体などが連携協力した取り組みの推進

公共図書館を中心としたほかの図書館，学校図書館，大学図書館，民間団体，保健所，保健センター，保育所，国際子ども図書館などとの積極的な連携・協力による取り組みを推進していくこととしている。

④ 社会的気運醸成のための普及・啓発

「子ども読書の日」を中心とした全国的な啓発広報（写真13-1），ならびに，子どもの読書活動の推進に関する専用のホームページ（写真13-2）を活用し，情報を広く提供するなど，各種情報の収集・提供に努めることとしている。ちなみに，公益社団法人読書推進運動協議会[3]では，「子ども読書の日」を起点にして4月23日〜5月12日の約3週間を「こどもの読書週間」とする取り組みをおこなっている。

このような国の「基本計画」を受け，地方公共団体においても，同法第9条の規定により，都道府県，市町村で子どもの読書活動の推進に関する施策についての計画を策定するように努力義務が課せられている。これについては，第4節にて，いく

写真13-2 「子どもの読書の情報館」ホームページ
出典：文部科学省，http://www.kodomodokusyo.go.jp/（'15.1.24現在参照可能）

つかの地方公共団体の施策について紹介するとともに，第5節においてその評価のあり方についても解説を加えることとする。

第2節　文字・活字文化振興法

「文字・活字文化振興法」（平成17年7月29日法律第91号）は，「我が国における文字・活字文化の振興に関する施策の総合的な推進を図り，もって知的で心豊かな国民生活及び活力ある社会の実現に寄与することを目的」（同法第1条）として，超党派の国会議員でつくる「文字活字文化議員連盟」[4]による議員立法によって可決・成立され，2005（平成17）年7月29日に公布・施行された。文字・活字文化の振興に関する基本理念を定め，国および地方公共団体の責務を明らかにするとともに，文字・活字文化の振興に関する基本的な事項を定めた全12条から成る法律である（巻末資料2）。

それまで，文字・活字文化の振興に関する施策については，図書館法や学校図書館法，子どもの読書活動の推進に関する法律に関連する個別法に基づく措置，あるいはそのほかの予算措置といったかたちでおこなわれてきた。しかしながら，これらの施策は趣旨・目的を異にする各種制度・枠組みのもとで行われてきた個別的なものにとどまり，文字・活字文化の振興のための一定の理念にもとづく施策の総合的な推進にはいたらなかった。このことについて，当時の「文字活字文化議員連盟」代表幹事であった河村建夫氏は，「これまで読書に関する法律や政策は，子どもを対象にしていたが，今回の法律は，すべての国民を対象に，これまでの「読むこと」に加えて，「書くこと」の恵沢をも受けることのできるよう環境を整備しようとしている。」[5]と述べるとともに，「極めて具体的に各般にわたる施策の推進をうたいあげている」[6]と主張している。これまで一部を対象とした文字・活字文化の振興施策から，その範囲を拡張した振興施策とすべく成立させた法律であることがうかがえる。

それではつぎに，同法ではどのような内容がうたわれているのか第2条から概観してみよう。「文字・活字文化振興法」において示されている「文字・活字文化」とは，「活字その他の文字を用いて表現されたもの（以下この条において「文章」という）を読み，及び書くことを中心として行われる精神的な活動，出版活動その他の文章を人に提供するための活動並びに出版物その他のこれらの活動の文化的所産をいう」（同法第2条）とうたわれている。この第2条からは表13-2に示すように大きく3つの視点から「文字・活字文化」が定義されていることがうかがえる。

それら文字・活字文化の振興のための基本理念として，関連する施策の推進は，「すべての国民がその自主性を尊重されつつ，生涯にわたり，地域，学校，家庭その他の様々な場において，等しく豊かな文字・活字文化の恵沢を享受できる環境を整備することを旨として行わなければならない」（同法第3条，傍点は筆者）と定めている。

表13-2　「文字・活字文化」の定義

①活字その他の文字を用いて表現されたもの（文章）を読み，及び書くことを中心として行われる精神的な活動
②出版活動その他の文章を人に提供するための活動
③出版物などこれらの活動の文化的所産

文字・活字文化にいつでも・どこでも必要に応じてふれることができる場を保障すること，そのための環境をたえず整えつくり出していくことを考えていかねばならないことを示唆している。

上に述べてきたように，第3条にうたわれた基本理念を具現化するため，国および地方公共団体は，基本理念にのっとり連携を図りつつ，文字・活字文化の振興に関する施策を策定し実施する責務を有することが同法第4～6条にかけてうたわれている。

さらに具体的な施策について，まず，地域における観点から，市町村は，公立図書館の設置および適切な配置に努めるものとするとともに，国および地方公共団体は，司書の充実などの人的体制の整備，図書館資料の充実そのほかの必要な施策を講ずることがうたわれている（同法第7条）。つぎに，学校教育における観点から，国および地方公共団体は，学校教育において言語力の涵養が十分に図られるよう，教育方法の改善のために必要な施策を講ずることがうたわれている（同法第8条）。さらに，国は文字・活字文化の国際交流を促進するために必要な施策および学術研究の成果について出版の支援そのほかの必要な施策を講ずることが定められている（同法第9条・第10条）。また，同法第11条において10月27日を「文字・活字文化の日」とすることが定められた。ちなみにこの日は，かねてより取り組まれてきた「読書週間」[7]（10月27日～11月9日）の最初の日にもあたり，同法の制定にともないより活発かつ継続的な取り組みとして現在にいたっている。そのように文字・活字文化振興を支えるものとして，第12条では国および地方公共団体が，文字・活字文化の振興に関する施策を実施するため必要な財政の措置そのほかの措置を講ずるよう努めることを定めており，それら措置の動向にも注視しながら持続可能な取り組みとして発展させることが大切である。

第3節　国の「子ども読書活動推進基本計画（第二次）」の成果

第1節でも述べてきたように，国は「子どもの読書活動の推進に関する法律」にもとづき，基本計画をおおむね5年ごとに策定することとなっている。2001（平成13）年の同法成立後，2002（平成14）年に「第一次基本計画」が閣議決定され，その後2度にわたり基本計画が見直され，2013（平成25）年5月17日には「第三次基本計画」が閣議決定している（表13-3）。これは政府が，子どもの読書活動の推進に関する施策の総合的かつ計画的な推進を図るための基本的方針を示すものとなっており，市町村教育委員会，市町村長，所管または所轄の学校・図書館そのほかの教育機関および学校法人，関係団体などに対しても，基本計画の趣旨・内容などについて周知

表13-3　「第三次基本計画」に至る経緯

2001（平成13）年12月	「子どもの読書活動の推進に関する法律」成立
2002（平成14）年 8月	「第一次基本計画」閣議決定〔2003（平成15）年度～2007（平成19）年度〕
2008（平成20）年 3月	「第二次基本計画」閣議決定〔2008（平成20）年度～2012（平成24）年度〕
2011（平成23）年 9月	「国民の読書推進に関する協力者会議」報告書
2012（平成24）年12月	「図書館の設置及び運営上の望ましい基準（告示）」改正
2013（平成25）年 5月	「第三次基本計画」閣議決定〔2013（平成25）年度よりおおむね5年間〕

されている。

　なお、「第三次基本計画」策定後、①市町村計画の策定率の向上、②不読率の改善、③地域における子どもの読書活動の推進、④学校などにおける子どもの読書活動の推進、⑤「子ども読書の日」を中心とする広報啓発の推進の5点について各種施策のより一層の充実を図るよう文部科学省から通知がなされている[8]。

　これまで、2003～2012年度にわたり10年間の「基本計画」の取り組みがなされてきたわけであるが、以下では、「第二次基本計画」期間においてどのような成果が示されたのか概要を確認しておきたい。

　まず、「家庭・地域」における取り組みの成果については、①図書館数の漸増、②児童室を有する図書館の増加、③図書館の児童への貸出冊数（年間）が2010（平成22）年度過去最高、④図書館における読み聞かせボランティア活動参加者の増加、⑤オンライン閲覧目録（OPAC）導入率（市町村立図書館）の上昇が指摘されている。

　つぎに、「学校等」における取り組みの成果については、①全校一斉の読書活動をおこなう学校の割合の増加、②司書教諭の発令について11学級以下の学校でも増加傾向、③小・中学校において学校図書館担当職員（いわゆる学校司書）を配置する学校の割合が増加傾向、④「OECD生徒の学習到達度調査（OECD-PISA）」（2009年調査）で日本の子どもの読解力が国際的に見て上位といった点が指摘されている。

　それぞれの取り組みの成果について、項目ごとに具体的な数値を経年比較できるかたちでまとめたものが表13-4である。なお、これら数値については、「第三次基本計画」の「第1章　はじめに」のなかでも述べられているように、取り組みの目安としての参考に資するものであり、数値だけにとらわれ本質的な読書活動の成果を見失わないよう留意すべきである。あくまで子どもたちや子どもをとりまく大人の姿、地域の実態から中・長期的な計画や取り組みについての成果をふりかえり将来への検討をおこなっていくことが望まれる。

第4節　地方の主要な読書振興計画

　「子どもの読書活動の推進に関する法律」においては、同法第9条で都道府県ならびに市町村においても「基本計画」を策定するよう努めなければならないことがうたわれている。本節では、読書振興にかかわりとくに都道府県レベル、市町村レベルにおける「基本計画」の策定状況について概観したうえで、いくつかの事例について取り上げていくこととする。

　都道府県における「基本計画」の策定状況は、2006年11月までに「第一次基本計画」がすべての都道府県で策定されており、2013年度中には「第二次基本計画」も策定予定となっている。また、「第三次基本計画」については、2013年3月末現在、17都道府県において策定または今後の策定を予定しているとの回答がなされている[9]。

　市町村における「基本計画」の策定状況は、2013年3月末現在、策定済みが1041市町村

表 13-4 「第二次基本計画」期間における成果

	項　目	成　果
家庭・地域における取り組み	①図書館数	3,165 館（2008 年）➡3,274 館（2011 年）　（文部科学省社会教育調査）
	②児童室を有する図書館数	1,938 館（2008 年）➡2,059 館（2011 年）　（文部科学省社会教育調査）
	③図書館の児童への貸出冊数（年間）※	約 1 億 3,420 万冊（2007 年度）➡約 1 億 7,956 万冊（2010 年度） （文部科学省社会教育調査）
	④図書館における読み聞かせボランティア活動参加者	9 万 8000 人（2008 年）➡11 万 2000 人（2011 年） （文部科学省社会教育調査）
	⑤オンライン閲覧目録（OPAC）導入率（市町村立図書館）	84.4％（2008 年）➡87.3％（2011 年）　（文部科学省社会教育調査）
学校等における取り組み	①全校一斉の読書活動を行う学校の割合	小学校 94.4％，中学校 84.1％（2007 年度） ➡小学校 96.4％，中学校 88.2％（2011 年度） （文部科学省学校図書館の現状に関する調査）
	②司書教諭の発令について（11 学級以下の学校）	小学校 17.6％，中学校 24.0％，高校 24.6％（2007 年度） ➡小学校 12.9％，中学校 27.4％，高校 25.3％（2011 年度） （文部科学省学校図書館の現状に関する調査）
	③小・中学校において学校図書館担当職員（いわゆる学校司書）を配置する学校の割合	小学校 35.7％，中学校 37.1％，高校 70.8％（2007 年度） ➡小学校 47.8％，中学校 48.2％，高校 67.7％（2011 年度） （文部科学省学校図書館の現状に関する調査）
	④「OECD 生徒の学習到達度調査（OECD-PISA）」（「読解力」）	15 位／57 カ国・地域（2006 年調査） ➡8 位／65 カ国・地域（2009 年調査） （OECD 生徒の学習到達度調査（OECD-PISA）：2009 年調査）

注：2010（平成 22）年度は「児童用図書の貸出冊数」としての集計による。
出典：『子どもの読書活動の推進に関する基本的な計画（第三次）』（2013 年 5 月閣議決定），「第 2 章 第二次基本計画期間における取組と課題」pp.3-4 をもとに作成

（59.8％），策定作業中が 165 市町村（9.5％），策定するか否か検討中が 269 市町村（15.4％），未策定が 267 市町村（15.3％）である。市の策定状況が 620 市（76.4％）であるのに対し，町村の策定状況が 421 町村（45.3％）となっており，町村の過半数が未策定の状況である。まだ具体的な策定作業に未着手の市町村も約 3 割あるものの，年々着実に基本計画が策定されつつある。すでに策定済みの市町村においても，国や都道府県の「第三次基本計画」を見据えながら，それぞれの地域の実情にあった「基本計画」の見直しや次々計画の策定が必要となる時期にある。なお，策定された「基本計画」について冊子体で提供されているのであれば，誰もが閲覧できるよう図書館で所蔵しておくことはもちろん，OPAC からも検索可能な状態にしておくことが望しい。

表 13-5 では，『年報こどもの図書館 2007～2011』（2012 年版，日本図書館協会）に紹介された大阪府熊取町，ならびに滋賀県東近江市の「基本計画」事例を取り上げる。

第 5 節　読書振興計画の評価

第 11 章でも紹介されている読書調査の類を概観すれば，子どもたちがおかれた読書環境は，

表 13-5 「基本計画」の事例と特徴

市町村名	「基本計画名」（計画期間） 基本方針	特　徴
大阪府熊取町	「熊取町第2次子ども読書活動推進計画～"子どもと本"の未来をつなぐ～」 （2010～2014年度） 1）子どもの読書活動を支える体制づくりの推進 2）乳幼児・幼児期における本に親しむ機会の拡大 3）学校における読書活動の推進 4）障がいのある子どもの読書環境の整備	2006年度からの第1次計画策定時より、「子ども読書活動推進連絡協議会」を設置し年1～2回開催している。また、2010年度からの第2次計画策定時より、連絡協議会の専門部会として「乳幼児部会」「小中学生部会」を置くとともに、「ブックスタート連絡会」「絵本リーダー会議」「学齢期子ども読書活動推進連絡会」を定期的に開催し情報交換や研修に取り組めるような計画が策定されているところが特徴である。
滋賀県東近江市	「東近江市子ども読書活動推進計画第2次計画（本でうるおう人づくりぷらん）」 （2014～2018年度） 1）子どもと本を確かにつなぐ学校・園づくり 2）本のある家庭づくりまちづくり	基本方針としては、大きく2つの柱から成る計画となっている。1）の方針については、第1次計画時の2008年より読書活動推進モデル校を指定し、その実践が各校園に広がるように計画されている。また、2）の方針については、「家庭・地域とつながる公立図書館」をめざす計画として、とくに、市立五個荘中学校改築に合わせ、中学校に公立図書館を併設し、全国のモデルとなる学校図書館と公立図書館両方の機能を備えた図書館の整備を謳っている点が特徴である。

出典：児童図書館研究会編『年報こどもの図書館 2012年版』日本図書館協会，2012年，pp.117-127., 「熊取町第2次子ども読書活動推進計画」<http://www.town.kumatori.lg.jp/shisetsu/tosyokan/shisetu_annai/toukei/1296191572955.html>（'15.1.24現在参照可）,「東近江市子ども読書活動推進計画第2次計画について」<http://www.city.higashiomi.shiga.jp/0000003910.html>（'15.1.24現在参照可）をもとに作成

それぞれの学校・家庭・地域により異なることに気づくであろう。読書は特定の場所や時間でのみ営まれるものではない。不特定多数の多様な環境のなかで体験・経験し育まれていくのが、読書の営みであることは第11章における読書の実態からも明らかであろう。第4節で示した「基本計画」が一過性の計画ではなく、将来にわたり継続的な読書活動となりうる計画とするためには、それらの計画が妥当であったのか、子どもと大人の読書活動をめぐる実態をふまえながら省察することが望まれる。これは、図書館経営にかかわる基本計画の考え方とも共通するが、自己の活動を常に点検し、改善の方策を立て、実行していくことが必要である[10]。本節では、それぞれの地域で策定された（あるいは、策定される）であろう「基本計画」などの読書振興計画の評価について、読書環境に焦点をあてながら参考となる資料を紹介しておきたい。

　『子どもの読書環境整備のためのチェック項目』（日本図書館協会，2005年）は、子どもたちの読書環境の現状を把握するために、「Ⅰ 家庭・地域における子どもの読書環境」「Ⅱ 学校等における子どもの読書環境」「Ⅲ 子どもの読書環境整備のための家庭・地域と学校等の連携」の3つのカテゴリーが設定され、全112項目からなるチェックリストとなっている。子どもの読書にかかわるあらゆる立場の人が利用できる内容で構成されていることから、児童サービス担当者に限らず有効に活用できるだろう。また、公立図書館においては、「図書館評価のためのチェックリスト」（『公立図書館の任務と目標：解説』改訂版増補，日本図書館協会，2009年）も用意されている

ので併せて確認しておくとよい。

設問

(1) あなたの居住する都道府県、および市（区）町村が公表している「子どもの読書活動推進計画」について調べ、それぞれどのような計画が策定されているか比較し、900字程度でその特徴を整理したうえ述べなさい。ただし、居住地の市（区）町村で「子どもの読書活動推進計画」が策定されていない場合は、近隣の市（区）町村の読書推進計画について調べること。

(2) あなたの居住する都道府県、および市（区）町村で取り組まれている読書活動には、具体的にどのような活動があるか調べ、900字程度にまとめ報告しなさい。

参考文献

1. 児童図書館研究会編『年報こどもの図書館：2007～2011』2012年版，日本図書館協会，2012年
2. 日本図書館協会編『「子どもの読書活動の推進に関する法律」を考える：シンポジウム記録』日本図書館協会，2002年
3. 「特集「文字・活字文化振興法」をどう具現化するか」『学校図書館』665号，2006年3月，pp.15-51
4. 日本図書館協会図書館政策委員会「子どもの読書推進」特別検討チーム編著『子どもの読書環境整備のためのチェック項目』日本図書館協会，2005年

注）

1) 文部科学省「子どもの読書活動推進の取組～子どもの読書活動の推進について～」http://www.mext.go.jp/a_menu/sports/dokusyo/suisin/（'15.1.24現在参照可，以下同じく）。
2) 朝日新聞「子どもの読書推進法が成立 「自主性尊重」も決議」2001年12月9日付朝刊，p.30。
3) 公益社団法人読書推進運動協議会は，1947年の読書週間実行委員会にその歴史をさかのぼることができる。のちに恒常的な読書運動を推進するための組織として，1959（昭和34）年に読書推進運動協会が設立された。同協会は，1969（昭和44）年に社団法人化し，さらに2013（平成25）年には公益社団法人化へといたりながら，子どもから大人まで幅広く読書普及・啓発活動を進めている団体である（公益社団法人読書推進協議会，http://www.dokusyo.or.jp/index.htm）。
4) 公布施行当時の「活字文化議員連盟」代表幹事は，河村建夫衆議院議員であった。
5) 河村建夫「文字・活字文化は，民主主義の根幹」『学校図書館』665号，2006年3月，p.16。
6) 同上。
7) 「読書週間」の取り組みは，1947（昭和22）年11月17日に第1回が開催されたことが紹介されている。第2回以降，文化の日（11月3日）を中心とした2週間（10月27日～11月9日）となり現在にいたっている（公益社団法人読書推進協議会「読書週間」，http://www.dokusyo.or.jp/jigyo/jigyo.htm）。
8) 文部科学省「子ども読書の情報館」ウェブサイト内「文部科学省発表データ：関係法令等」(http://www.kodomodokusyo.go.jp/happyou/hourei.html，'15.1.24現在参照可能）に「第三次「子どもの読書活動の推進に関する基本的な計画」について（通知）」(25文科ス第155号，平成25年5月17日）のPDFが閲覧可能である。
9) 文部科学省「子ども読書の情報館」ウェブサイト内「文部科学省発表データ：関連データ・資料等」(http://www.kodomodokusyo.go.jp/happyou/datas.html）に「都道府県及び市町村における子ども読書活動推進計画の策定状況に関する調査結果について（平成25年3月31日現在）」(2013年6月21日）のPDFが閲覧可能である。
10) 日本図書館協会図書館ハンドブック編集委員会『図書館ハンドブック』第6版，日本図書館協会，2005年，p.128。

14 児童サービスにかかわる施設・設備

　図書館の三大構成要素は，「本」と「建物」と「人」であり，よい児童サービスを展開するには，よい図書館施設が必要となる。本シリーズ第9巻にて，図書館施設全般にわたる事柄を学修することができるが，ここでは，児童サービスがおこなわれる部門としての児童図書館（児童閲覧室・児童閲覧スペースの総称として用いる）にかかわる施設・設備について，できるだけ多くの写真をまじえながら具体的に紹介し，そのあり方を考えていく。

第1節　児童図書館に求められるスペース

　児童図書館に求められるスペースそのものは，新館建設や改築などの設計の段階で既定されてしまうため，あとからの変更は容易ではない。また，仮に新館建設や改築などにかかわる機会があったとしても，望ましい児童図書館スペースの基準が明確に定められているわけではない。それぞれの図書館の実態に応じ，図書館全体のスペース配分への要求事項や機能的な相互関係を検討しながら必要とするスペースを算出していくことが望まれる。

　蔵書数から児童図書館のスペースを算出する手がかりとして，以下の計算式が示されている[1]。これは，1平方メートル当たり何冊本が収まるのかという観点である（図14-1）。

$$(一棚当たりの冊数 a × 書架の段数 B) / \{書架幅 x × (書架間隔 y / 2)\} 冊/平方メートル$$

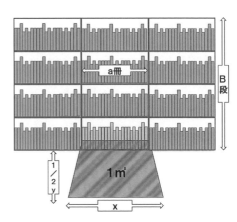

図14-1　1平方メートル当たりの収蔵冊数イメージ
出典：杉岡和弘『子ども図書館をつくる』勁草書房，2005年，p.35を一部改変

　図中の a，B，x，y の値をどのようにとるかによってそれぞれの図書館の書架のレイアウトと蔵書冊数が変わってくる。たとえば，すべての書架を6段にした場合と4段にした場合とでは，必要な広さが1.4倍程度もちがってくるといわれる[2]。スペースに大きくかかわる書架間隔については，これまで配架する図書館情報資源の内容に応じて収容力を優先する傾向があったが，2016（平成28）年から施行が予定されている『障害者差別解消法』[3]が制定されたこともあり，今後は，車椅子と歩行者がすれ違うことを考える必要がある。その場合，書架間隔が1.2m（書架芯からの間隔ではおよそ1.7m）必要とされることになる[4]。

　児童図書館としての機能を高めるためには，単に書架に図書を並べておくだけではなく，子ど

もたちの安全も確保しつつ，いかに子どもたちが各自の目的や興味・関心に応じた図書を手に取ることができて，閲覧や調べ学習などの利活用に資する環境となっているかが重要となる。児童図書館としてふさわしい什器（図書館家具・備品）を備えるために必要となるスペースについても並行して検討していくことが望まれる。学校図書館と公共図書館の連携の機運が高まっており，近隣の学校から児童生徒が学級単位で訪問することも想定しておくとよい。

写真14-1　沖縄県西原町立図書館（以下、同じ）の児童コーナー　写真中央に3段書架の絵本架が並ぶ。

第2節　書架

　書架の選定は，児童図書館において収集する図書のサイズ（判型）に大きく影響する。一般書で最も多い判型はA5判（21cm×14.8cm），ついで，B6判（18.2cm×12.8cm）とB5判（25.7cm×18.2cm）といわれている[5]。そのため，書架の棚板の高さを28cm，奥行きを18cmとすればおおむね配架できる[6]。それに対し，絵本は，A4判（29.7cm×21cm）かそれ以上（B6判以下の場合もある）の大きさとなることもある。

　絵本は，通常のNDCの分類記号を与えずに，"P"（picture book）や"E"（ehon）などの別置記号を用いて，別な場所に絵本コーナーとしてまとめて配架されることが多い（本シリーズ第3巻，第9章および第13章を参照）。一般書に比べサイズも多様であるため，絵本のサイズの平均にもとづいた棚板の高さと奥行をふまえておく必要がある[7]。

写真14-2　書架の棚板に取り付けられた面展示用棚受け金具

　厚みのない背の絵本を配架する場合，表紙を見せて（面展示，平置き，フェイスアウトなどという）並べる工夫（写真14-2の展示用棚受け金具など）も求められる。木製書架やスチール製書架，あるいは，木製パネルを装着できる書架もある。就学前の幼児も探しやすく手に取りやすいよう段数や高さに配慮して書架を配置していくことはもちろん，児童図書館の雰囲気にも大きく影響するだけに，書架の材質や安全性にも気を配りたいものである。棚板の高さについては，木製書架では固定されている場合が多いが，書架の構造体のみスチール製となっている場合には，自由に書棚の高さを変更できるピッチが付されているものもある（写真14-3）。

写真14-3　棚板高さを変更可能なピッチ

書架以外にも,「おはなし会」などで用いられる「大型絵本架」(写真14-4)や,紙芝居を配架するための「紙芝居架」(写真14-5)もある。また,児童向けの新聞・雑誌コーナーを設ける場合には,「新聞・雑誌架」(写真14-6)もある。

近年,学校では新聞記者を招いての授業や新聞を活用した授業として,NIE(Newspaper In Education,教育に新聞を)の取り組みも盛んである。文部科学省は,学校図書館への新聞配備を勧めているが,1紙を配備するのが精一杯という学校が多い。公共図書館では,複数紙を閲覧し比較できるような環境を整えておきたいものである。

写真14-4　大型絵本架

写真14-7は,設計段階で壁面に棚板用のピッチが設けられている例である。このように,壁面の棚板の取り外しが容易な設計としておくことで,展示架としても書架としても有効に活用することができ,日々新しい発見のある子どもたちにとって魅力的な児童図書館の環境をつくりあげることができる。

写真14-5　紙芝居架

写真14-6　YAコーナー付近に設置された新聞雑誌架

写真14-7　壁面の棚板設置前(写真左)と設置後(写真右)

第3節　机と椅子

児童図書館の机と椅子は,幼児からYAまで,それぞれの成長段階に応じたものであることと,利用のされ方の特徴に応じたものであることが望まれる。

とくに幼児期では,絵本の閲覧が主たる利用のされ方となることが多い。写真14-8にあるような傾斜机は,絵本を手にもって読むことが困難な幼児が自分で絵本を開いて読むことができる机として絵本架の近くに配置したい。

近年,滞在型を志向する図書館が増えているが,児童用の椅子についても,長時間の読書,筆記をともなう調べ学習などの行為に適したものがよい。机同様,成長段階にあわせたものを可能な限り用意することも求められる。材質は木製やスチールパイプ製などがある。学校施設の例だが,スチールパイプ製と比較して木製の机・椅子のほうが児童にとって快適感がよいという評価

が示されている[8]。しかし，木製はスチールパイプ製に比べ総重量が1.4倍もあり[9]，その重さが懸念される場合もある。閲覧のみの利用であれば，写真14-9のように，柱を利用した円形ベンチ型の座席を設置することも考えられる。この場合，図書館設計段階において検討しておかなければならないが，組み合わせ自在な可動式ソファーを設置することも一案である（カバー写真）。このようなソファーやベンチ型の利点は，成長段階に左右されずに幅広い年齢層に対応できる座席数を提供できるところにある。

写真14-8　幼児向け傾斜机と椅子　　写真14-9　児童コーナー内の柱に設置された閲覧用円形ベンチ

第4節　おはなしのへや

　図書館では，定期的に「おはなし会」が開催される。図書館の規模によってもさまざまだが，「おはなし会」専用の「おはなしのへや」（写真14-10）を設置している図書館もある。「おはなしのへや」については，靴を脱いで入る部屋として位置づけている図書館も多い。写真14-11のように，「おはなしのへや」入口の床面に，幼い子どもたちにもわかるように"足あと"のサインを示すことで靴を脱いで入ることを案内するのもよい[12]。

　また，「おはなしのへや」では，第5章でも取り上げたような「読み聞かせ」や「ストーリーテリング」や「紙芝居」など，子どもと本との出会いを演出するさまざまな手法を用いた「おはなし会」が催される。その内容によって，"あるときはにぎやかに""夏休みはこわいおはなしで暗くひっそり"といったように，子どもたちにとって"ワクワク，ドキドキ"するひとときを提供することができる。「おはなしのへや」は，そのような多彩な「おはなし会」を盛り上げる場をつくりだすことのできる施設であるかが重要となる。普段は，靴を脱いでくつろげるような連続したスペースとして開放しつつ，「おはなし会」のときには，ドアを閉めて個室化できるとよい。これは，「おはなし会」で生じる「音」への配慮という側面もあるし，子どもたちが「お

写真14-10　おはなしのへや　　写真14-11　「おはなしのへや」入口床に示されたサイン

はなし」の世界に集中できるようにするためでもある。カーテンを引き遮光できる設備や，無段階に調光できる照明設備が設置されていると，おはなしの内容によって，場の設定が効果的になる。「おはなしのへや」の近くに紙芝居舞台（写真14-12）などの用具類が収納できる部屋もあるとよい。

写真14-12　紙芝居舞台

第5節　そのほか配慮すべきこと

児童図書館として，専用のカウンターを設置することができない場合，中央カウンターから見通しのきく書架の配置が求められる（写真14-13）。近年，児童閲覧室・児童閲覧スペースの近くに幼児用トイレや水飲み場，授乳室（写真14-14）を設置する図書館が増えた。これらの設備については，カウンターから死角となる要素もあり，運用するなかで安全な管理と同時に利用のしやすさも保障していくことが求められる[11]。

子どもの想定外の行動を想定した危機管理の意識をもちながら，子どもたちが安心・安全にすごすことのできる空間づくりも心がけてほしい。ほんの一例ではあるが，乳幼児の手の届く範囲に電源コンセントがある場合には，誤って指を差し込むことがないよう，コンセントカバーで保護しておくことや，什器の角の形状にも気を配り身体をぶつけても安全かといった点検も必要だろう。児童の視線の高さでそのつど点検をおこなうことが大切である。

写真14-13　中央カウンター（写真中央奥）から見通しのきく書架配置

写真14-14　幼児用トイレと授乳室，入口中央には水飲み場

設問

(1) 参考文献も手がかりにしながら，児童サービスを展開するうえで求められる施設・設備として配慮すべき要点を 900 字程度で述べなさい。
(2) あなたの居住する最寄りの公共図書館において，児童サービスにかかわる施設・設備にどのような工夫がなされているか，900 字程度でその特徴を報告書としてまとめなさい。

参考文献
1. 杉岡和弘『子ども図書館をつくる』勁草書房，2005 年
2. 西川馨『優れた図書館はこう準備する』教育史料出版会，2006 年
3. 日本図書館協会町村図書館活動推進委員会『町村図書館建築マニュアル』日本図書館協会，1995 年

注）
1) 杉岡和弘『子ども図書館をつくる』勁草書房，2005 年，p.32。
2) 西川馨『優れた図書館はこう準備する』教育史料出版会，2006 年，p.54。
3) 障害を理由とする差別の解消の推進に関する法律（平成 25 年法律第 65 号）第 7 条第 2 項に「行政機関等は，その事務又は事業を行うに当たり，障害者から現に社会的障壁の除去を必要としている旨の意思の表明があった場合において，その実施に伴う負担が過重でないときは，障害者の権利利益を侵害することとならないよう，当該障害者の性別，年齢及び障害の状態に応じて，社会的障壁の除去の実施について必要かつ合理的な配慮をしなければならない」とあり，書架間が狭くて車椅子で通行できないと苦情があった場合には，しかるべく対処することが求められることになろう。
4) 前掲 3)，p.54。
5) 日本図書館協会図書館ハンドブック編集委員会編『図書館ハンドブック』（第 6 版）日本図書館協会，2005 年，p.416。
6) 同上，p.416。
7) 杉岡和弘『子ども図書館をつくる』（勁草書房，2005 年，p.81-87）では，書架の高さや奥行を考えるにあたって，次のような考えを示している。

$$\left[\begin{array}{l}\text{書架の高さ：見通しのいい書架の高さ＜子どもの目の高さ}\\ \qquad\text{実質的な書架の高さ＝（本の大きさの平均＋}\alpha\text{）×段数}\\ \text{書架の奥行：本の横のサイズ／ 2 ＜書棚の奥行＜本の横のサイズ× 2}\end{array}\right]$$

8) 福田英昭［ほか］「木製の机・椅子の使用による児童の諸反応」『木材工業』Vol.61，No.2，2006 年 2 月，pp.63-67。
9) 同上。
10) いわゆる"土足禁止"のスペースについては，車椅子利用者でもそのまま気兼ねなく入ることのできる環境整備が求められる。
11) 取材した西原町立図書館（沖縄県）は，2014 年に開館 10 周年を迎えた図書館である。2010 年には「子どもの読書活動優秀実践図書館表彰」を受賞した。授乳室や幼児用トイレ・水飲み場を児童コーナー近くに設置している。10 年にわたる運用のなかでは，水飲み場で子どもたちが水遊びをはじめてしまうことがあったり，授乳室では目的外利用が見られたため通常は施錠する対応を取らざるをえなかったりと，想定外の事象に対して臨機応変に対応していくことのむずかしさがあげられていた。

15 展望

　児童サービスやヤングアドルトサービス（以下，YA サービス）をいかに提供していくべきか考えることは，実は「子ども」をとりまく「大人」や「地域・社会」に対するサービスのあり方についても再検討する手がかりとなる可能性をもつのである。ここでは，今後の「児童サービス・YA サービス」を考える手立てについていくつかのトピックを交えながら解説を加えていくこととする。

第1節　子どもの読書をとりまく社会環境の変化

a. 過去から現在－デジタルネイティブの誕生－

　「子どもの読書活動の推進に関する法律」（以下，子ども読活法）にもうたわれているように，すべての子どもが読書の楽しみを享受できる環境を整備していくことは社会全体の責務である。表 15-1 に，ここ 10 年あまりの子どもの読書をとりまく社会環境の変化について概要を示した。

　高度情報通信社会へと進展するなかで，すでに 1990 年代末から「宿題をインターネットやコンピュータを使わないでやっていた時代があったことを信じることができない小学生がすでに何人もいる」[1]ことが取り上げられている。デジタル環境が，子どもたちの生活や行動様式に何らかの影響を及ぼすのではないかという論考も散見されるなか[2]，「子ども読活法」の施行以降，より具体的に中・長期的視点からの「児童サービス」のあり方が問われている。

表 15-1　子どもの読書をとりまく社会環境の変化

2000（平成 12）年	「子ども読書年」
2001（平成 13）年 12 月	「子どもの読書活動推進に関する法律」施行
2002（平成 14）年 5 月	国際子ども図書館全面開館
2002（平成 14）年 8 月	「子どもの読書活動の推進に関する基本計画（第一次）」閣議決定
2004（平成 16）年	いわゆる PISA ショック（日本の子どもの読解力に対する危惧）
2005（平成 17）年 7 月	「文字・活字文化振興法」施行
2007（平成 19）年 10 月	文字・活字文化推進機構設立
2008（平成 20）年 3 月	「子どもの読書活動の推進に関する基本計画（第二次）」閣議決定
2010（平成 22）年	「国民読書年」
2013（平成 25）年 5 月	「子どもの読書活動の推進に関する基本計画（第三次）」閣議決定

b. これから－デジタルネイティブの進化－

　2008（平成 20）年 6 月におこなわれた「第 54 回 学校読書調査」（毎日新聞社，全国学校図書館協議会）では，読書状況以外に，「携帯電話とケータイ小説」に関する付帯調査がおこなわれている。それによれば，中高生女子の間での「ケータイ小説」人気が小学生女子にも及び，「ケータイ小説」の読書経験は，「携帯電話で読んだ」「書籍で読んだ」「両方で読んだ」を合計すると，

小学生で 17.0％，中学生で 48.3％，高校生で 68.3％であったことが報告されている[3]。この時期，ネットコミュニティを自由自在に使い，不特定多数の人々と瞬時につながることで，新たな事業や組織を次々と創り出していく「デジタルネイティブ」と呼ばれる若者たちが話題にもなっていた[4]。日本でも，96 世代（1996 年ごろに生まれた世代）を「デジタルネイティブのさらなる進化系としてのニュージェネレーション」としてとらえ，「ネオ・デジタルネイティブ」と呼ぶことを提案している向きもある[5]。そこでは，ネオ・デジタルネイティブの「兆し」として現れたネット世代の心性と行動特性を「映像処理優先脳を持ち，視覚記号をパラレルに処理するのに長け，モバイルを駆使してユビキタスに情報をやりとりし，情報の大海にストックされた『衆合知（マス）』を効率的に利用し，これまでの，言語情報中心にリニアなモードで構成されてきた世界観を変えていく」[6]と述べている。すべての若者がネオ・デジタルネイティブとなるわけではないだろうが，携帯電話やスマートフォンの所有率が，小学生で 3 割，中学生で 5 割，高校生では 9 割以上に及ぶ現状にあって[7]，モバイル情報処理環境が子どもたちに与える影響については，今後も注視していく必要があるだろう。

第 2 節　子どもの読書とティーンズコーナー

　すでに YA サービスについては，本書の第 2・8・9 章において解説を加えてきたところである。図書館のみならず，学校・家庭・地域の連携による子どもの読書活動推進の取り組みもあいまって，最近の YA は以前に比べて「読書離れ」していないことが確認できたことと思う（第 11 章参照）。しかしながら，YA の図書館利用による読書率は残念ながら高いとはいえない状況にもあり，YA へ向けた図書館側からの積極的なアプローチによる継続的な取り組みが求められる。

　大阪府立中央図書館では，写真 15-1 のように，「YA!YA!YA!べんりやん図書館：大阪府立中央図書館ヤングアダルトのページ」を設け，YA の図書館に対する質問・要望をウェブ上で受けつけられるようにするとともに，図書館を使いこなすための情報提供に努めている。

　最近では，YA コーナーを「ティーンズコーナー」として改め，設置する図書館も増加している。愛知県図書館では，ウェブサイト上にティーンズコーナーのページとともに，「おしえて！ホリー」という 3 分ほどのティーンズコーナー紹介動画が公開されている。愛知県図書館のティーンズコーナーは同図書館 3 階に位置しているが，コーナーの雰囲気を動画でも紹介することによってネット世代の心性と行動

写真 15-1　YA!YA!YA!べんりやん図書館：大阪府立中央図書館ヤングアダルトのページ

出典：大阪府立中央図書館　https://www.library.pref.osaka.jp/cgibin/benriyan/display_top.cgi（'15.1.24 現在参照可）

特性にうったえ，よりティーンズコーナーへ足を運びやすくするための情報を加味して提供している。ほかにも，「ティーンズコーナー　ポイントGet大作戦」（通称，「てこぽん」）と題したおすすめ本のPOPを書いて紹介するイベントが開催されており，YA参加型の図書館づくりが意図的・計画的に組み込まれている。

愛知県図書館に限らず，荒川区立図書館（写真15-2）のように，ティーンズのためのページを作成し公開している図書館も多い。このようにYA（ティーンズ）のための図書館ウェブサイトのコンテンツに共通しているのは，単に読書のための新着図書リストの紹介にとどまることなく，POP作成のイベントやウェブサイト内の掲示板なども活用し，YAからの情報提供も積極的に取り入れながら，役立つ情報として図書館が整理し発信しているところにその特徴をみることができる。図書館情報資源の1つとして，インターネット上の情報もYAの興味関心や進路選択に資する内容でカテゴリ別にリンク集も構築されているなど，YAのためのポータルサイトとして図書館ウェブサイトを魅力的なものにしようという工夫がみられる。児童サービス担当者として，図書館における児童サービスやYAサービスを多くの子どもたちに魅力的にとらえてもらうためにも，Googleなどをこえる魅力的なポータルサイトをめざす気概をもって情報発信していくことが求められている。

写真15-2　「ティーンズコーナー（南千住図書館）：荒川区立図書館ティーンズのページ」
出典：荒川区立図書館　https://www.library.city.arakawa.tokyo.jp/ya/corner.html（'15.1.24現在参照可）

第3節　これからの児童サービス・YAサービス

a. 不便さを活用する児童サービス・YAサービス

高度情報通信ネットワーク社会の形成により，デジタルネイティブであると否とにかかわらず，「いつでも，どこでも，だれとでも」つながることが可能になったインターネット利用はますます容易となる。その一方で，インターネットの利便性の対極にあるような「いまだけ，ここだけ，われらだけ」といった，一見すると不便にも思える図書館での取り組みに注目が集まっている。それはまさに，POP作成やビブリオバトル（第9章参照）といったイベントに象徴される取り組みである。これらの取り組みは，おこなおうとすれば図書館に足を運ばなくともインターネット上で完結させることもできよう。しかしながら，たとえば，ビブリオバトルは，ある特定の日時に，特定の場所で，限定的な参加者を前提としながら開催されることに意味がある。動画サイトを介して開催時の様子を閲覧することも可能ではあるが，その場（空間）を共有しているか否かでその魅力は大きく異なる。事実，ビブリオバトルは，これまでに全国185大学以上，111館以

上の公共図書館で開催され，2012（平成24）年にはLibrary of the Year 2012 大賞を受賞するなど[8]，地方大会から大手書店を巻き込んでの全国大会が開催されるまでに展開されており，その注目度は際立っている。オンライン書店上で「いつでも，どこでも，だれとでも」共有・提供される書評の類とは異なる魅力が，ビブリオバトルのような「いまだけ，ここだけ，われらだけ」という不便さのなかに包含されているとする向きもある[9]。

本シリーズ第1巻『図書館の基礎と展望』の第15章を振り返ってみてほしい。web 2.0 や library 2.0 のような変化にともないインターネットを介した「不特定多数の参加と協働」という本質が顕在化する一方で，図書館では「不特定多数の参加と協働」にあたかも対抗するかのようなイベントが活況を呈している。このことにも留意しながら，児童サービスや YA サービスの中・長期的なあり方を考えるヒントを得ていくことが求められよう。

b.「社会的排除」と「社会的包摂」からこれからの児童サービス・YA サービスを考える

明るい未来を想い描きながら，これからの児童サービスや YA サービスを展望したいところではあるが，子どもをめぐる世のなかの現状は厳しい。第二次世界大戦後の日本の社会秩序は，いまや大きく揺らいでいる。ここ20年ほどのあいだに，競争と自己責任を強調し，日本社会に格差・貧困を拡大してきた新自由主義の諸政策は，子どもや若者たちに多くの困難を突きつけ，現在と未来に大きな不安を感じながら生活しなければならない事態を生み出している。現実から目を背けることなく，今ある課題に図書館として何ができるのかという視点から，これからの児童サービスや YA サービスについて考えてみたい。

現在，先進国でワースト4位となり悪化の一途をたどる日本の「子どもの貧困」[10]が，子どもたちの生きづらさに拍車をかけている。日本では，「子どもの貧困元年」とされた2008年以降，「弱者の居場所がない社会」とまでいわれるほどこの国の貧困と格差は深刻である[11]。ここでの貧困とは，従来の金銭的・物品的な資源（その人がもっているもの）が不足していることのみをとらえて貧困と論じるのではなく，それら資源の不足をきっかけに，徐々に社会における仕組み（社会保険や町内会など）から脱落し，人間関係が希薄になり，社会の一員としての存在価値を奪われていくことをさしている[12]。それらを「社会的排除」という概念として問題視していかなければならない。

そのようななかにあって，人が他者とつながり，お互いの存在価値を認め，そこに居るのが当然であると認められた場所としての「小さな社会」で生きることの保障が必要とされている[13]。これが「社会的包摂」の概念である。仔細な説明は後掲する参考文献にゆずることとするが，日本における貧困問題の解決には，物質的・金銭的な生活水準保障だけではなく，社会とつながり，人としての役割があり，そこにいてもよいと感じられる居場所が保障されるような「社会的包摂」のための政策が求められている。

あらためて，図書館の社会的意義から上記の問題について考えてみるならば，「心の栄養」（本シリーズ第1巻第4章を参照）としての側面から，図書館が提供できる「社会的包摂」の概念を指摘しておきたい。児童サービスや YA サービスに限ったことではないが，図書館を介して多様

な利用者（他者同士）が，つながり・役割・居場所を感じることのできる可能性をもち合わせ，かつ無償で利用できる施設はそう多くはないだろう。

図書館において，このような第三者である他者とのかかわりには，「図書館情報資源」が仲立ちとなっていくことが考えられる。こと「児童サービス・YAサービス」という視点に立ちながら，子どもたち同士が「つながり・役割・居場所」を感じることのできる可能性をもつためには，より多種多様な「図書館情報資源」のとらえ方が求められる。写真15-3や写真15-4は，いずれもフィンランドの図書館である。図書館に各種ボードゲームが用意されていたり，家庭で過ごすような雰囲気の学習机が設置されていたりと，子どもたちがどのような家庭の状況にあっても，図書館を利用すれば「社会的包摂」の場が提供され，安心して過ごすことができる環境が整えられていることがうかがえる。このような取り組みは，何も高福祉国家といわれる北欧に限った

写真15-3　タンペレ市立中央図書館（フィンランド）内に置かれている各種ボードゲーム

写真15-4　ヘルシンキ市立アラビアンランタ図書館（フィンランド）内の学習机

ことではない。米国のニューヨーク公共図書館では，子ども向けの各種イベントを開催しているが，WiiやXboxといったテレビゲームのトーナメント大会も開催している[14]。米国は，「子どもの貧困率」が先進国中で最も深刻な状況にあり，図書館がテレビゲームの利用機会を提供することで，「社会的排除」に向かうリスクを回避しようという考えの表れでもある。

いずれにせよ，「社会的包摂」の根幹に関わることであるが，"ことば"を介してのやり取りが重要となる。学力テストの順位競争に焦点化されたマスコミ報道は，「読書量＝読解力＝学力」と単純な図式であてはめられ，ともすれば，児童サービスやYAサービスの指標も表向きの貸出冊数（読書冊数）ありきで収斂されてしまうことが懸念される。"ことば"は"こころ"の根幹でもある。それを豊かに育んできたのが日本の読書文化（児童サービスやYAサービスもその一翼）にあると考えれば，背後にある昨今の子どもをめぐるさまざまな問題の本質を見極めながら，児童サービスやYAサービス担当者として子どもたちへ向き合う姿勢と環境づくりが一層問われていくこととなるだろう。

設問

(1) デジタルネイティブに象徴されるような子どもたちの特徴と，自身がかかわりのある地域の子どもたちの実態とを比較しながら，児童サービスやYAサービス担当者としてどのように子どもたち

と向き合っていくべきか，自分の考えを 900 字程度で述べなさい。
(2) 「社会的包摂」という観点から，これからの児童サービスや YA サービスを展開するうえで求められる環境とはどのようなものか，自分の考えを 900 字程度で述べなさい。

参考文献
1. 三村忠史，倉又俊夫，NHK「デジタルネイティブ」取材班『デジタルネイティブ：次代を変える若者たちの肖像』日本放送出版協会，2009 年
2. ドン・タプスコット著，栗原潔訳『デジタルネイティブが世界を変える』翔泳社，2009 年
3. 阿部彩『子どもの貧困：日本の不公平を考える』岩波書店，2008 年
4. 阿部彩『弱者の居場所がない社会：貧困・格差と社会的包摂』講談社，2011 年
5. 阿部彩『子どもの貧困 II：解決策を考える』岩波書店，2014 年
6. 猪谷千香『つながる図書館：コミュニティの核をめざす試み』筑摩書房，2014 年

注
1) 村井純『インターネット II：次世代への扉』岩波書店，1998 年，p.II。
2) 参考文献 1，参考文献 2，及び，橋元良明［ほか］著『ネオ・デジタルネイティブの誕生：日本独自の進化を遂げるネット世代』ダイヤモンド社，2010 年．また，学習者のおかれた「状況」がその学びに対して大きな影響を及ぼすと考える認知科学の立場から，この高度情報化時代の「学び」と「教育」の特徴について多角的に検討している次の論考がある。渡部信一「高度情報化時代における『教育』再考：認知科学における『学び』論からのアプローチ」『教育学研究』第 77 巻，第 4 号，2010 年 12 月，pp.19-21。
3) 全国 SLA 研究・調査部「第 54 回 学校読書調査報告」『学校図書館』第 697 号，2008 年 11 月，pp.33-36。
4) 三村忠史，倉又俊夫，NHK「デジタルネイティブ」取材班著『デジタルネイティブ：次代を変える若者たちの肖像』日本放送出版協会，2009 年，189 p.。
5) 橋元良明［ほか］著『ネオ・デジタルネイティブの誕生：日本独自の進化を遂げるネット世代』ダイヤモンド社，2010 年，pp.108-110。
6) 前掲，p.140。
7) 『平成 25 年度 青少年のインターネット利用環境実態調査』（平成 26 年 3 月内閣府）の「第 II 部調査の結果：第 1 章青少年調査の結果：第 1 節携帯電話の利用状況」より。http://www 8.cao.go.jp/youth/youth-harm/chousa/h 25/net-jittai/html/2-1-1.html（'15.1.24 現在参照可）。
8) 「ビブリオバトル・シンポジウム 2014」，http://sympo 14.bibliobattle.jp/（'15.1.24 現在参照可）の開催趣旨説明より。
9) 京都大学デザイン学ユニット教授の川上浩司氏は，「不便益システム研究所」<http://fuben-eki.jp/>（2014.8.26 現在参照可）の「不便益活用法」の紹介ページにおいて，「手間いらずで効率的に要求が満たせる『便利な道具』よりも，むしろ不便な道具を使うほうがうれしい」ことを取り上げ，知的書評合戦ビブリオバトルが不便益の事例の 1 つとして紹介されている。また，『システム／制御／情報』（Vol.58, No.2,2014 年，p.86）誌上での，『ビブリオバトル：本を知り人を知る書評ゲーム』（谷口忠大，文藝春秋，2013 年）の書評において，「いつでも，どこでも，だれとでも」から「いまだけ，ここだけ，ぼくらだけ」と表現し，ビブリオバトルにおける不便の益に着目している。
10) *Measuring child poverty: New league tables of child poverty in the world's rich countries.*，(Report Card 10), UNICEF, May 2012, p.3., http://www.unicef.or.jp/library/pdf/labo_rc 10.pdf（'15.1.24 現在参照可）
11) 阿部彩『弱者の居場所がない社会：貧困・格差と社会的包摂』講談社，2011 年。
12) 前掲，pp.92-94。
13) 前掲，pp.94-95。
14) The New York Public Library "Resources for Teens", http://www.nypl.org/help/getting-oriented/resources-teens（'15.1.24 現在参照可）より，"Programs at Your Library" を参照すると，当日の各種イベントを確認できる。

巻末資料

資料1 子どもの読書活動の推進に関する法律　（第1・13章関連）
（平成13年12月12日法律第154号）

（目的）
第1条　この法律は，子どもの読書活動の推進に関し，基本理念を定め，並びに国及び地方公共団体の責務等を明らかにするとともに，子どもの読書活動の推進に関する必要な事項を定めることにより，子どもの読書活動の推進に関する施策を総合的かつ計画的に推進し，もって子どもの健やかな成長に資することを目的とする。

（基本理念）
第2条　子ども（おおむね18歳以下の者をいう。以下同じ。）の読書活動は，子どもが，言葉を学び，感性を磨き，表現力を高め，創造力を豊かなものにし，人生をより深く生きる力を身に付けていく上で欠くことのできないものであることにかんがみ，すべての子どもがあらゆる機会とあらゆる場所において自主的に読書活動を行うことができるよう，積極的にそのための環境の整備が推進されなければならない。

（国の責務）
第3条　国は，前条の基本理念（以下「基本理念」という。）にのっとり，子どもの読書活動の推進に関する施策を総合的に策定し，及び実施する責務を有する。

（地方公共団体の責務）
第4条　地方公共団体は，基本理念にのっとり，国との連携を図りつつ，その地域の実情を踏まえ，子どもの読書活動の推進に関する施策を策定し，及び実施する責務を有する。

（事業者の努力）
第5条　事業者は，その事業活動を行うに当たっては，基本理念にのっとり，子どもの読書活動が推進されるよう，子どもの健やかな成長に資する書籍等の提供に努めるものとする。

（保護者の役割）
第6条　父母その他の保護者は，子どもの読書活動の機会の充実及び読書活動の習慣化に積極的な役割を果たすものとする。

（関係機関等との連携強化）
第7条　国及び地方公共団体は，子どもの読書活動の推進に関する施策が円滑に実施されるよう，学校，図書館その他の関係機関及び民間団体との連携の強化その他必要な体制の整備に努めるものとする。

（子ども読書活動推進基本計画）
第8条　政府は，子どもの読書活動の推進に関する施策の総合的かつ計画的な推進を図るため，子どもの読書活動の推進に関する基本的な計画（以下「子ども読書活動推進基本計画」という。）を策定しなければならない。

2　政府は，子ども読書活動推進基本計画を策定したときは，遅滞なく，これを国会に報告するとともに，公表しなければならない。

3　前項の規定は，子ども読書活動推進基本計画の変更について準用する。

（都道府県子ども読書活動推進計画等）
第9条　都道府県は，子ども読書活動推進基本計画を基本とするとともに，当該都道府県における子どもの読書活動の推進の状況等を踏まえ，当該都道府県における子どもの読書活動の推進に関する施策についての計画（以下「都道府県子ども読書活動推進計画」という。）を策定するよう努めなければならない。

2　市町村は，子ども読書活動推進基本計画（都道府県子ども読書活動推進計画が策定されているときは，子ども読書活動推進基本計画及び都道府県子ども読書活動推進計画）を基本とするとともに，当該市町村における子どもの読書活動の推進の状況等を踏まえ，当該市町村における子どもの読書活動の推進に関する施策についての計画（以下「市町村子ども読書活動推進計画」という。）を策定するよう努めなければならない。

3　都道府県又は市町村は，都道府県子ども読書活動推進計画又は市町村子ども読書活動推進計画を策定したときは，これを公表しなければならない。

4　前項の規定は，都道府県子ども読書活動推進計画又は市町村子ども読書活動推進計画の変更について準用する。

（子ども読書の日）
第10条　国民の間に広く子どもの読書活動についての関心と理解を深めるとともに，子どもが積極的に読書活動を行う意欲を高めるため，子ども読書の日を設ける。

2　子ども読書の日は，4月23日とする。

3　国及び地方公共団体は，子ども読書の日の趣旨にふさわしい事業を実施するよう努めなければならない。

（財政上の措置等）
第11条　国及び地方公共団体は，子どもの読書活動の推進に関する施策を実施するため必要な財政上の

措置その他の措置を講ずるよう努めるものとする。
附　則
この法律は，公布の日から施行する。

資料2　文字・活字文化振興法
（第1・13章関連）
（平成17年7月19日法律第91号）

（目的）
第1条　この法律は，文字・活字文化が，人類が長い歴史の中で蓄積してきた知識及び知恵の継承及び向上，豊かな人間性の涵養並びに健全な民主主義の発達に欠くことのできないものであることにかんがみ，文字・活字文化の振興に関する基本理念を定め，並びに国及び地方公共団体の責務を明らかにするとともに，文字・活字文化の振興に関する必要な事項を定めることにより，我が国における文字・活字文化の振興に関する施策の総合的な推進を図り，もって知的で心豊かな国民生活及び活力ある社会の実現に寄与することを目的とする。

（定義）
第2条　この法律において「文字・活字文化」とは，活字その他の文字を用いて表現されたもの（以下この条において「文章」という。）を読み，及び書くことを中心として行われる精神的な活動，出版活動その他の文章を人に提供するための活動並びに出版物その他のこれらの活動の文化的所産をいう。

（基本理念）
第3条　文字・活字文化の振興に関する施策の推進は，すべての国民が，その自主性を尊重されつつ，生涯にわたり，地域，学校，家庭その他の様々な場において，居住する地域，身体的な条件その他の要因にかかわらず，等しく豊かな文字・活字文化の恵沢を享受できる環境を整備することを旨として，行われなければならない。

2　文字・活字文化の振興に当たっては，国語が日本文化の基盤であることに十分配慮されなければならない。

3　学校教育においては，すべての国民が文字・活字文化の恵沢を享受することができるようにするため，その教育の課程の全体を通じて，読む力及び書く力並びにこれらの力を基礎とする言語に関する能力（以下「言語力」という。）の涵養に十分配慮されなければならない。

（国の責務）
第4条　国は，前条の基本理念（次条において「基本理念」という。）にのっとり，文字・活字文化の振興に関する施策を総合的に策定し，及び実施する責務を有する。

（地方公共団体の責務）
第5条　地方公共団体は，基本理念にのっとり，国との連携を図りつつ，その地域の実情を踏まえ，文字・活字文化の振興に関する施策を策定し，及び実施する責務を有する。

（関係機関等との連携強化）
第6条　国及び地方公共団体は，文字・活字文化の振興に関する施策が円滑に実施されるよう，図書館，教育機関その他の関係機関及び民間団体との連携の強化その他必要な体制の整備に努めるものとする。

（地域における文字・活字文化の振興）
第7条　市町村は，図書館奉仕に対する住民の需要に適切に対応できるようにするため，必要な数の公立図書館を設置し，及び適切に配置するよう努めるものとする。

2　国及び地方公共団体は，公立図書館が住民に対して適切な図書館奉仕を提供することができるよう，司書の充実等の人的体制の整備，図書館資料の充実，情報化の推進等の物的条件の整備その他の公立図書館の運営の改善及び向上のために必要な施策を講ずるものとする。

3　国及び地方公共団体は，大学その他の教育機関が行う図書館の一般公衆への開放，文字・活字文化に係る公開講座の開設その他の地域における文字・活字文化の振興に貢献する活動を促進するため，必要な施策を講ずるよう努めるものとする。

4　前三項に定めるもののほか，国及び地方公共団体は，地域における文字・活字文化の振興を図るため，文字・活字文化の振興に資する活動を行う民間団体の支援その他の必要な施策を講ずるものとする。

（学校教育における言語力の涵養）
第8条　国及び地方公共団体は，学校教育において言語力の涵養が十分に図られるよう，効果的な手法の普及その他の教育方法の改善のために必要な施策を講ずるとともに，教育職員の養成及び研修の内容の充実その他のその資質の向上のために必要な施策を講ずるものとする。

2　国及び地方公共団体は，学校教育における言語力の涵養に資する環境の整備充実を図るため，司書教諭及び学校図書館に関する業務を担当するその他の職員の充実等の人的体制の整備，学校図書館の図書館資料の充実及び情報化の推進等の物的条件の整備等に関し必要な施策を講ずるものとする。

（文字・活字文化の国際交流）
第9条　国は，できる限り多様な国の文字・活字文化が国民に提供されるようにするとともに我が国の文字・活字文化の海外への発信を促進するため，我が国においてその文化が広く知られていない外国の出版物の日本語への翻訳の支援，日本語の出版物の外国語への翻訳の支援その他の文字・活字文化の国際交流を促進するために必要な施策を講ずるものとする。

（学術的出版物の普及）
第10条　国は，学術的出版物の普及が一般に困難であることにかんがみ，学術研究の成果についての出版の支援その他の必要な施策を講ずるものとする。
（文字・活字文化の日）
第11条　国民の間に広く文字・活字文化についての関心と理解を深めるようにするため，文字・活字文化の日を設ける。
2　文字・活字文化の日は，十月二十七日とする。
3　国及び地方公共団体は，文字・活字文化の日には，その趣旨にふさわしい行事が実施されるよう努めるものとする。
（財政上の措置等）
第12条　国及び地方公共団体は，文字・活字文化の振興に関する施策を実施するため必要な財政上の措置その他の措置を講ずるよう努めるものとする。
附　則
この法律は，公布の日から施行する。

資料3　児童図書館員養成専門講座募集要項（抄）　（第2章関連）

●目的：公共図書館の児童サービスの現場で中心的役割を果たし，指導者・助言者として活躍できる人を養成する。
●期日
　前期2014年6月23日（月）〜28日（土）［6日間］
　後期2014年9月29日（月）〜10月8日（水）［9日間］10月4日（土）は休み
●会場：主として資本図書館協会
●受講資格：上記の目的に適う，次の条件を満たす人。
　(1)　司書有資格者であること。
　(2)　公共図書館職員として5年間以上の経験を持つこと。
　(3)　公共図書館の児童サービス担当を2年間以上経験していること。
　　　　*なお，全日程を受講すること。
●募集人数：20名程度
●応募方法
(1)本人の略歴：所定の履歴書に，氏名，フリガナ，年齢，勤務先（連絡先）所在地，現在の雇用形態および職名，司書資格取得方法および年月日，図書館員としての履歴を所定の履歴書に記載し，そのうち児童サービス担当履歴も年数がわかるように明記すること。
(2)課題①「児童図書館員養成専門講座受講を必要とする理由」について本文1300字から1400字まで（A4用紙1ページ以内・縦置き横書き）にまとめること。
課題②以下に掲げる課題図書を読み，所属する図書館の課題と照らし合わせてどのように考えるのかを，本文1300字から1400字まで（A4用紙1ページ以内・縦置き横書き）にまとめること。
　『児童図書館への道』ハリエットG.ロング著友野玲子訳ヨ本図書協会
　（字数不足あるいは字数超過は原則として審査対象とならないので注意すること）
●受講者決定通知：受講著の決定は，児童青少年委員会の書類審査による。受講決定後，必読図書と各科目の課題を通知する。
●参加費：6万円（日本図書館協会個人および施設会員4万円）
●修了証：全講座を受講した者に修了証を発行
●主催：公益社団法人日本図書館協会

資料4　IFLAヤングアダルトサービス10の基本原則（概要）（第2章関連）

1．図書館は，ヤングアダルトが図書館資料や情報源に自由にアクセスする権利および検閲されることなく自分のニーズに合った資料を選ぶ権利の尊重に関して，わかりやすい方針を確立し公表する。
2．ヤングアダルト図書館プログラムは，優良事例を参考にして効果的に運営する。
3．ヤングアダルトプログラムとサービスを支えるために，予算や人員等の資源を適切に配分する。
4．図書館スタッフは，障害を持つヤングアダルトのための資料も含め，思春期の発達や，年齢にふさわしいヤングアダルト向け資料について精通している。
5．図書館は，ヤングアダルトの生涯学習，読み書き能力，読書の動機づけ，読書力の向上を後押しするために，ヤングアダルトの興味を引く最新の資料を幅広く提供する。
6．図書館は，ヤングアダルトの学習ニーズを支える資料を提供する。
7．図書館は，ヤングアダルトを手助けして，彼らがすべての図書館資料に効果的にアクセスし，情報リテラシーやコンピューターリテラシー能力を身につけられるようにする。
8．図書館は，ヤングアダルトを対象とした行事や図書館サービスの計画・実施に，彼ら自身が携わる機会や，他人を支援するボランティアの機会を提供することで，彼らの成長を手助けする。
9．図書館には，ヤングアダルトにとって魅力的で，彼らのライフスタイルを反映した特別なコーナーを設ける。
10．図書館は，あらゆる局面で青年期の発達が健全かつ成功裏に進むよう支援するために，当該自治体内の他の部署や団体と協力して活動する。

出典：国際図書館連盟児童・ヤングアダルト図書館分科会編，日本図書館協会児童青少年委員会訳『IFLAヤングアダルトへの図書館サービスガイドライン2008年』pp.9-10

資料 5　「読み聞かせ記録シート」(第 5 章関連)

行 事 名	記録内容
日付, 曜日, 天気	年　　　月　　　日（　　　曜日）天気（　　　　　）
開催時間	時　　　分　から　　　時　　　分
対　象	乳幼児, 年少, 年中, 年長, 小学校低, 小学校中, 小学校高, その他（　　　　　　　　　　　　　　　　　　　　）
参加人数（内訳）	名（内訳：男子　　　名, 女子　　　名）
担当者	
読み聞かせた本の情報　　　　　1　　　　　2　　　　　3	タイトル,　　　作者,　　　画家,　　　出版者
読み聞かせをしたときのこどもたちの様子や反応	
担当者からの反省およびコメント	
仲間からのコメント	

出典：資料 5～13 は齋藤晴恵による作成

資料 6 読み聞かせ用「選書のための確認シート」（第 5 章関連）

項　　目	確認事項	チェック
記録の確認	「読み聞かせ記録シート」を確認した	
内　容	絵から内容や主人公，場面の雰囲気が伝わる	1 冊目 ☐ 2 冊目 ☐ 3 冊目 ☐
出版年	初版から 25 年以上経つ	1 冊目 ☐ 2 冊目 ☐ 3 冊目 ☐
大きさ	小さすぎず，ある程度の大きさがある	1 冊目 ☐ 2 冊目 ☐ 3 冊目 ☐
絵	最後列からでも絵がはっきりと，よく見える	1 冊目 ☐ 2 冊目 ☐ 3 冊目 ☐
絵と文の割合	一場面の文の量が適切である	1 冊目 ☐ 2 冊目 ☐ 3 冊目 ☐
場面割り	文と絵とが一致し，見開きで一場面となる	1 冊目 ☐ 2 冊目 ☐ 3 冊目 ☐
多人数を対象の読み聞かせ	参加者の年齢に幅がある場合には，聞き手に適した絵本を選択する	1 冊目 ☐ 2 冊目 ☐ 3 冊目 ☐
	多様な種類の絵本を選択する （知識絵本・科学絵本・昔話なども含ませる）	1 冊目 ☐ 2 冊目 ☐ 3 冊目 ☐
	読み聞かせ終了後に手渡すブックリストを作成する（図書館利用につながるようにタイトル，作者，画家，出版者，所蔵館，所在番号，図書館利用案内などの情報を入れるとよい）	1 冊目 ☐ 2 冊目 ☐ 3 冊目 ☐
	予備に 1 冊から 2 冊を用意する	☐

資料7　「読み聞かせ練習評価シート」（第5章関連）

	チェック	評　価		
●プログラムの立案				
しっかりした内容の本と気軽に楽しめる本，読む時間が長い本の前後に読む時間の短い本，昔話・創作もの・知識や科学絵本など，多種類の絵本を組み合わせる	☐	1	2	3
内容の似た本をさける	☐	1	2	3
集まった子どもたちの様子に合わせて対応できるよう，予備に1冊から2冊を用意する	☐	1	2	3
参加する子どもがなかなか集中できない場合に備えて，手遊びや，わらべうたなどを入れられるよう準備する	☐	1	2	3
●絵本の持ち方	☐	評　価		
新しい本はあらかじめ開きぐせをつけておく	☐	1	2	3
邪魔にならないように，読む時は，カバーははずしておく	☐	1	2	3
肘を直角に曲げて，開いた本の中央の下部を片方の手でしっかりと持つ	☐	1	2	3
読み始めから読み終わるまで，この位置を動かさない	☐	1	2	3
親指を裏側に，残り4本の指を表側にして本がぐらつかないように固定する	☐	1	2	3
指で絵が隠れないかを，同僚に確認してもらう	☐	1	2	3
自分の側から向こう側へとページをめくる	☐	1	2	3
右開きの本は左手で持ち，左開きの本は右手で持つとよい	☐	1	2	3
●絵本の読み方	☐	評　価		
絵本の表紙をよく見せて，絵本のタイトルをはっきりと読んでから始める	☐	1	2	3
見返しも絵本の一部なのできちんと見せる	☐	1	2	3
標題紙もきちんと見せて，タイトルをはっきりと読む	☐	1	2	3
絵本には，タイトルだけでなく，作者・画家・訳者などの情報も記載されている	☐	1	2	3
文のないページは，黙ってゆっくりと絵を見せる	☐	1	2	3
指で絵を指したり，会場からあがる子どもたちの声にあいづちをうってもよい	☐	1	2	3
読み手が勝手に言葉や効果音，説明などを付け加えることは慎みたい	☐	1	2	3
●声の大きさ	☐	評　価		
最後列の子どもまで声が届くように，はっきりと読む	☐	1	2	3
滑舌をよくすることで，語尾や文末をしっかりと発音する	☐	1	2	3
子どもが自然におはなしの世界を楽しめるよう，大げさな声色や表情，大声などは慎む	☐	1	2	3
単調にならぬよう，おはなしの流れを理解し，メリハリをつけて読む	☐	1	2	3
歌が文中に出る場合には，読み手は歌う必要はなく，リズミカルに読めばよい	☐	1	2	3
読んでいる途中で質問してく子どもには，顔を見てうなずくだけで，本を読むことを続ける	☐	1	2	3
本を読み終えてからゆっくりと質問に答えることで十分である	☐	1	2	3
●読み終わりかた	☐	評　価		
絵本を読み終わったら，ひと呼吸間をおいてから，裏表紙を見せて，「おしまい」と言う。	☐	1	2	3
あるいは，もう一度表紙を見せて，タイトルを「…でした」と読んでもよい。	☐	1	2	3
表紙と裏表紙とが一体となっているものは，開いて見せる	☐	1	2	3
会場の子どもが自然に発した感想を，聞くことはよいが，聞き手の方から会場の子どもに	☐	1	2	3
感想を求めることや，「わかりましたか？」と問いかけることはしない	☐	1	2	3
会場の子どもと絵本の感動を共有できるよう，ゆっくりと余韻を残して終わる	☐	1	2	3
読み聞かせ終了後に，ブックリストを配布し，読んだ絵本を借りる方法を説明する	☐	1	2	3
聞くことに集中させるため，配布物は終了後に手渡したい	☐	1	2	3
ブックリストを作成する際，所在記号や排架場所を確認し，ブックリストに加えてもよい	☐	1	2	3
読み聞かせを図書館利用へとつなげるよう，図書館の利用案内を加えることも考えたい	☐	1	2	3

資料8 「読み聞かせ準備シート」（第5章関連）

項　目	内　容	チェック
プログラムの立案	「読み聞かせ記録シート」（資料5）ファイルを利用し，参考にする	☐
プログラムの立案	読み聞かせの対象を決める	☐
	読む本のテーマを決める	☐
	本の組み合わせと読む順番を考える	☐
選　書	「選書のための確認シート」（資料6）を利用し，手順を確認する	☐
読む順番	聞き手が楽しめる順番にする	☐
導入	手遊びや，わらべうたを準備し，練習する	☐
絵本の持ち方	正しく本を持つ	☐
ページのめくり方		☐
新しい本の扱い方	開きぐせをつけて，カバーははずしておく	☐
絵本の読み方	表紙をよく見せる	☐
	絵本のタイトルをはっきりと読んでから始める	☐
	見返しも絵本の一部なのできちんと見せる	☐
	標題紙もきちんと見せて，タイトルをはっきりと読む	☐
	タイトル以外の作者・画家・訳者の読み方を，他の読み手と統一する	☐
	文のないページは，黙ってゆっくりと絵を見せる	☐
	歌が文中に出る場合には，リズミカルに読めばよい	☐
声の大きさ	最後列の子どもまで声が届くように，はっきりと読む	☐
	語尾や文末をしっかりと発音する	☐
	大げさな声色や表情，大声などは慎む	☐
	単調にならぬよう，メリハリをつけて読む	☐
読み終わりかた	ひと呼吸をおいてから，裏表紙を見せて，「おしまい」と言う	☐
	もう一度表紙を見せて，タイトルを「…でした」と読んでもよい	☐
	表紙と裏表紙とが一体となっているものは，開いて見せる	☐
	ゆっくりと余韻を残して終わる	☐
読み聞かせの後で	ブックリストを作成する	☐
	読んだ絵本を借りる方法を説明する	☐

資料9 読み聞かせ用「実演前の確認シート」（第5章関連）

項　目	確認事項	チェック
会場の設営	読み手と聞き手の配置	☐
	絵本を持つ位置と読む姿勢	☐
	絵本と窓，照明，逆光との確認	☐
	座席の設営	☐
	ステージ上の邪魔なものの除去	☐
読み手の準備	絵本がどの座席からも見えている	☐
	最後列まで声が聞こえている	☐
	手遊び，わらべうたの演技の確認	☐
仲間による確認	絵本が傾かずに水平に持てているか	☐
	絵本を読む際，読み手が前や左右に傾かないか	☐
	ページをめくる時，指で絵を隠していないか	☐
	最後列まで声が聞こえているか	☐
	読み進んでいくと，手やからだの動きに癖が現れないか	☐
	子どもの注意を集めるような奇抜な服装，髪型，アクセサリーを身に付けていないか	☐
	髪型や服装に子どもの注意を集めるような乱れはないか	☐

ここまで確認が完了できれば，準備は万全です
もう一度，鏡の前でニッコリと，あなたの最高の笑顔を確認し，ステージに向かいましょう

資料10　「ストーリーテリング記録シート」（第5章関連）

行事名	記録内容
日付，曜日，天気	年　　月　　日　（　　曜日）天気（　　　　）
開催時間	時　　分　から　　　時　　分
聞き手の対象	年少，年中，年長，小学校低，小学校中，小学校高，中高生 その他（　　　　　　　　　　　　　　　　　　　　　　　　）
参加人数（内訳）	名（内訳：男子　　名，女子　　名）
担当者	
読み聞かせた本の情報	タイトル： 著　者： 出　典： 音読したときの所要時間： 登場人物： 場　面： あらすじ： 唱えことば： 音読したときの所要時間：
ストーリーテリングをしたときの聞き手の様子や反応	
担当者の反省およびコメント	
仲間からのコメント	

資料11　ストーリーテリング用「選書のための確認シート」（第5章関連）

項　目	確認事項	チェック
記録の確認	「ストーリーテリング記録シート」（資料10）を確認した	☐
テーマ	はっきりとしたテーマが一つあること	☐
構　成	主人公，登場人物，場面設定がわかりやすいこと	☐
	主人公と登場人物の行動が，容易に想像できるように描写されていること	☐
	緊張感からクライマックスと期待感をもたせていること	☐
	出来事のつながりが必然性のあること	☐
	時系列的に物語が進行し，逆戻りやわき道にそれないこと	☐
文　体	リズムがあり，いきいきとした場面を想像できることばで書かれていること	☐
人物描写	登場人物に存在感があること	☐
	登場人物の役割（善，悪，美）が，わかりやすいこと	☐
原　典	原典に忠実であること	☐
	再話では，複数の再話を声に出して読み比べてみること	☐
ドラマチック	子どもが求めるドラマチックな欲求を満たしていること	☐
聞き手の年齢	聞き手の年齢や興味に適したものであること	☐

資料12　「ストーリーテリング準備シート」（第5章関連）

項　目	内　容	チェック
プログラムの立案	「ストーリーテリング記録シート」（資料10）ファイルを利用し，参考にする	☐
	ストーリーテリングの対象を決める	☐
	ストーリーテリングのテーマを決める	☐
	物語の組み合わせと語る順番を考える	☐
選　書	ストーリーテリング用「選書のための確認シート」（資料11）を利用し，手順を確認する	☐
導　入	日常と語りの場を区別するために，部屋を暗くし，ローソクに灯をともす場合もある	☐
語りかた	雰囲気が変わる前，重要なことばの前では，間（マ）をとる	☐
	重要なことばは，強調する	☐
	語り方に緩急をつけ，想像力を高める場面ではゆっくりと，動きのある場面では速く語る	☐
	クライマックスへ向けて盛り上げて語る。徐々に速く語る場合，徐々にゆっくりと語る場合など工夫をしたい	☐
	登場人物にふさわしい速さと話し方で会話を語る	☐
	大きな声を出さずに，間と声のトーンを落とすと効果がある	☐
	声色を使い分けるのではなく，息の使い方で登場人物を使い分け，最後まで一貫すること	☐
	大げさな声色や表情，大声などは慎む	☐
	見返しも絵本の一部なのできちんと見せる	☐
練　習	本を少なくとも6回以上は，内容を読み込み理解すること	☐
	お話を声に出して語ることをくり返す	☐
	就寝前に，本を声に出してゆっくりと読むこと	☐
	鏡の前で練習する。自分の癖に気づくことと，演技ではないので不自然な動作は必要ないことに気づくこと	☐
終わり方	ゆっくりと余韻を残して終わる	☐
	ローソクの灯を消し，会場の電気をつけて聞き手を現実に戻す	☐
ストーリーテリングの後で	ブックリストを作成し手渡す	☐
	語った本や同じ著者の本，シリーズの本などを展示する	☐
	語った本を図書館で借りる方法を説明する	☐

資料13　「ブックトーク準備シート」（第6章関連）

段　階	説　明	チェック
①対象と目的の明確化	年齢，人数，場所，時間，本を紹介する目的を明確にする	☐
②テーマの設定	テーマを明確にし，そのテーマから何をメッセージとして聞き手に伝えたいのかを明確にする	☐
③選　書	聞き手の年齢と人数，場所などの環境を考慮し，テーマがはっきりしている適切な本を多種類の本から選ぶ。与えられた時間の範囲で終了するような冊数を選ぶ	☐
④紹介方法の工夫	伝えたいことを明確にし，あらすじ，読み聞かせ，写真，小道具，クイズ，体験談など，それぞれをどのような方法で紹介するのがよいかを考える	☐
⑤紹介順序の決定	選書した本をどのような流れで紹介すると，メッセージが伝わりやすいのかを考える	☐
⑥導入，つなぎの部分，締めくくりを考える	前後の本の関連性を考え，自然に次の本へつなげられるよう，つなぎの部分の表現を考える緊張を解くような導入と，テーマとメッセージを再確認できるような締めくくりを考える	☐
⑦シナリオの作成	紹介順序にしたがって，あらすじ，読み聞かせ，写真，小道具，クイズ，体験談など，文字で表現し，シナリオを作成する。小道具を使う箇所がわかるよう，シナリオに書き込んでおく	☐
⑧紹介本のブックリストの作成	紹介された本をすぐに利用できるよう，書誌事項の確認とともにその本が図書館のどこにあるのかがわかる所在情報を含めたブックリストを作成する	☐
⑨練　習	シナリオを暗記し，適所で小道具やクイズなどを実際に使い，声を出して練習する。制限時間を意識し，時間内にシナリオ通り最後まで終えることができるよう，時計を見ながら繰り返し練習する	☐

「ブックトーク準備シート」

資料14 学校読書調査：5月1か月間に読んだ本　(第8章, 第11章関連)

下表は，小・中・高とも出度数順に配列（右の数字は出度数）。○数字は巻号。※は複数の巻からなるもの。☆は著者が異なる同一書名の本が複数あるもの。

（男子）

小4	
ミッケ！※	16
かいけつゾロリとまほうのへや	14
日本の歴史☆※	14
かいけつゾロリつかまる!!	11
かいけつゾロリのてんごくとじごく	11
かいけつゾロリのメカメカ大さくせん	11
原子力のサバイバル②	11
西遊記☆※	11
注文の多い料理店	11
かいけつゾロリ　イシシ・ノシシ大ピンチ!!	10
かいけつゾロリの大金もち	10
かいけつゾロリのきょうふのサッカー	10
かいけつゾロリの大どろぼう	10
かいけつゾロリやせるぜ！　ダイエット大さくせん	10
アナと雪の女王☆	9
かいけつゾロリの大かいぞく	9
かいけつゾロリたべるぜ！　おおぐいせんしゅけん	9
かいけつゾロリ　ちきゅうさいごの日	9
かいけつゾロリ　はなよめとゾロリじょう	9
シャーロック・ホームズシリーズ※	9

小5	
シャーロック・ホームズシリーズ※	22
かいけつゾロリのだ・だ・だ・だいぼうけん！	18
ミッケ！※	14
織田信長☆	11
かいけつゾロリつかまる!!	11
日本の歴史☆※	10
火山のサバイバル	9
ハリー・ポッターと賢者の石	9
ハリー・ポッターと炎のゴブレット※	9
星のカービィ　あぶないグルメ屋敷!?の巻	9
アナと雪の女王☆	8
かいけつゾロリ　カレー vs. ちょうのうりょく	8
西遊記☆※	8
名探偵コナン　11人目のストライカー	8
メッシ☆	8
かいけつゾロリのきょうふのやかた	7
かいけつゾロリのてんごくとじごく	7
徳川家康☆	7
ベートーベン☆	7
ぼくらの七日間戦争	7

小6	
日本の歴史☆※	127
江戸川乱歩シリーズ※	21
織田信長☆	18
ぼくらの七日間戦争	16
シャーロック・ホームズシリーズ※	13
三国志☆※	12
西遊記☆※	11
ぼくらの天使ゲーム	11
坂本龍馬☆	10
徳川家康☆	10
豊臣秀吉☆	10
ハリー・ポッターと賢者の石	10
エジソン☆	9
怪盗ルパンシリーズ※	9
チームふたり	9
ぼくらのデスマッチ	9
ガラスのうさぎ	8
星のカービィ　あぶないグルメ屋敷!?の巻	8
恐竜世界のサバイバル②	7
聖徳太子☆	7

中1	
永遠の0	19
ぼくらの七日間戦争	19
カゲロウデイズ②	17
青鬼	16
カゲロウデイズ①	16
カゲロウデイズ③	15
心を整える。	14
ハリー・ポッターと死の秘宝※	13
空想科学読本⑥	12
図書館戦争	12
ハリー・ポッターと賢者の石	12
リアル鬼ごっこ	12
カゲロウデイズ⑤	11
シャーロック・ホームズシリーズ※	11
ハリー・ポッターと炎のゴブレット※	11
「弱くても勝てます」	11
カゲロウデイズ④	10
黒子のバスケ②	9
ルーズヴェルト・ゲーム	9
青鬼　復讐編	8
王様ゲーム	8
ギネス世界記録 2010	8
空想科学読本⑨	8
三匹のおっさん	8
ぼくらの大冒険	8
名探偵コナン　11人目のストライカー	8
名探偵コナン　異次元の狙撃手	8
名探偵コナン　沈黙の15分	8

中2	
永遠の0	22
「弱くても勝てます」	18
ハリー・ポッターと賢者の石	16
王様ゲーム	13
心を整える。	13
ハリー・ポッターと死の秘宝※	13

江戸川乱歩シリーズ※	12
カゲロウデイズ⑤	12
カゲロウデイズ①	11
三国志☆※	10
ONE PIECE FILM Z	10
図書館戦争	9
カゲロウデイズ②	8
カゲロウデイズ③	8
ツナグ	8
×(バツ)ゲーム	8
ハリー・ポッターと不死鳥の騎士団※	8
ぼくらの七日間戦争	8
真夏の方程式	8
ルーズヴェルト・ゲーム	8
中3	
王様ゲーム	24
永遠の0	19
カゲロウデイズ②	11
終物語※	10
図書館戦争	10
ノーゲーム・ノーライフ①	10
リアル鬼ごっこ	10
カゲロウデイズ①	9
カゲロウデイズ③	9
青鬼	8
王様ゲーム　終極	8
カゲロウデイズ④	8
ノーゲーム・ノーライフ②	8
真夏の方程式	8
王様ゲーム　臨場	7
カゲロウデイズ⑤	7
三匹のおっさん	7
ノーゲーム・ノーライフ③	7
ノーゲーム・ノーライフ④	7
ハリー・ポッターと賢者の石	7
ルーズヴェルト・ゲーム	7
高1	
永遠の0	10
悪の教典※	7
王様ゲーム	7
カゲロウデイズ①	6
カゲロウデイズ③	6
カゲロウデイズ④	6
ソードアート・オンライン①	6
化物語※	6
真夏の方程式	6
カゲロウデイズ②	5
ソードアート・オンライン⑤	5
ノーゲーム・ノーライフ⑥	5
モニタールーム	5
心を整える。	5
ソードアート・オンライン②	4
ソードアート・オンライン③	4
ソードアート・オンライン⑦	4
ノーゲーム・ノーライフ③	4
ノーゲーム・ノーライフ④	4
ノーゲーム・ノーライフ⑤	4
リアル鬼ごっこ	4
密室の鍵貸します	4
「弱くても勝てます」	4
高2	
王様ゲーム	8
ノーゲーム・ノーライフ①	7
ノーゲーム・ノーライフ②	7
ソードアート・オンライン⑧	6
永遠の0	5
カゲロウデイズ⑤	5
ノーゲーム・ノーライフ③	5
氷菓	5
悪の教典※	4
カゲロウデイズ①	4
キリン	4
ソードアート・オンライン⑤	4
復讐したい	4
青鬼	3
神様のカルテ②	3
ソードアート・オンライン①	3
ソードアート・オンライン②	3
ソードアート・オンライン③	3
ソードアート・オンライン④	3
ソードアート・オンライン⑥	3
ソードアート・オンライン⑦	3
ソードアート・オンライン⑭	3
ドロップ	3
ノーゲーム・ノーライフ④	3
ホーンテッド・キャンパス②	3
武士道シックスティーン	3
ぼくたちと駐在さんの700日戦争①	3
真夏の方程式	3
リアル鬼ごっこ	3
レディ・ジョーカー※	3
高3	
心を整える	6
永遠の0	4
終物語※	4
GOSICK※	4
ボックス！※	4
村上海賊の娘※	4
ルーズヴェルト・ゲーム	4
親指さがし	3
ソードアート・オンライン①	3
ソードアート・オンライン⑭	3
ダヴィンチコード※	3
リアル鬼ごっこ	3
あの日見た花の名前を僕達はまだ知らない※	2
エルデスト※	2
王様ゲーム	2
カゲロウデイズ②	2
クローン・ベイビー①	2
黒子のバスケ⑤	2

「学校読書調査：5月1か月間に読んだ本」

「学校読書調査…5月1か月間に読んだ本」

殺意は必ず三度ある	2
三国志☆※	2
三匹のおっさん	2
ストロベリーナイト	2
ソードアート・オンライン②	2
ソードアート・オンライン③	2
ダレン・シャン④	2
ドアD	2
名のないシシャ	2
ノーゲーム・ノーライフ④	2
ノーゲーム・ノーライフ⑤	2
ノーゲーム・ノーライフ⑥	2
パズル	2
緋弾のアリア⑰	2
ブラック・ブレット⑦	2
プラチナデータ	2
ブリジンガー※	2
もし高校野球の女子マネージャーがドラッカーの「マネジメント」読んだら	2
夢をかなえるゾウ	2
妖怪アパートの幽雅な日常①	2
「弱くても勝てます」	2

(女子)

小4	
アナと雪の女王☆	52
黒魔女さんが通る!!②	30
ミッケ！※	22
ヘレン・ケラー☆	14
赤毛のアンシリーズ※	12
長くつ下のピッピ	10
アリクイにおまかせ	9
かいけつゾロリとまほうのへや	9
殺人レストラン	9
鏡の国のアリス	9
ナツカのオバケ事件簿⑤わらうピエロ人形	9
100万回生きたねこ	9
不思議の国のアリス	9
マザー・テレサ☆	9
マジックツリーハウス②女王フテピのなぞ	9
おおかみこどもの雨と雪	8
かいけつゾロリの大かいぞく	8
かいけつゾロリのチョコレートじょう	8
黒魔女さんが通る!!⑮	8
ナイチンゲール☆	8
ナツカのオバケ事件簿③ゆうれいドレスのなぞ	8
なんだかんだ名探偵	8
マジックツリーハウス①恐竜の谷の大冒険	8
幽霊屋敷レストラン	8

小5	
アナと雪の女王☆	33
黒魔女さんが通る!!②	21
赤毛のアンシリーズ※	19
不思議の国のアリス	17
ハッピーバースデー	16

一期一会　恋チョコ？友チョコ？	13
ヘレン・ケラー☆	13
ナツカのオバケ事件簿⑦深夜のゆうれい電車	9
マジックツリーハウス⑦ポンペイ最後の日	9
若おかみは小学生④	9
絶叫学級　禁断の遊び編	9
悪夢ちゃん　謎編	8
アリクイにおまかせ	8
一期一会　運命ってヤツ。	8
一期一会　スキだから。	8
カゲロウデイズ①	8
ハリー・ポッターと賢者の石	8
晴れた日は図書館へいこう	8
マジックツリーハウス⑫夜明けの巨大地震	8
ミッケ！※	8

小6	
アナと雪の女王☆	29
日本の歴史☆※	26
黒魔女さんが通る!!②	24
おおかみこどもの雨と雪	15
若おかみは小学生②	15
黒魔女さんが通る!!①	14
赤毛のアンシリーズ※	13
悪夢ちゃん　The 夢ovie	13
若おかみは小学生①	13
ナイチンゲール☆	12
ハリー・ポッターと賢者の石	12
カゲロウデイズ①	11
卑弥呼☆	11
アンネ・フランク☆	10
カゲロウデイズ②	10
黒魔女さんが通る!!③	10
若おかみは小学生③	10
若おかみは小学生⑤	10
吾輩は猫である	10
お願い！フェアリー⑤転校生は王子様!?	9
カゲロウデイズ③	9
動物と話せる少女リリアーネ③イルカ救出大作戦！	9
若おかみは小学生④	9

中1	
カゲロウデイズ②	36
カゲロウデイズ①	35
カゲロウデイズ③	34
カゲロウデイズ⑤	31
カゲロウデイズ④	28
アナと雪の女王☆	24
恋空※	20
謎解きはディナーのあとで②	16
君に届け①	15
赤毛のアンシリーズ※	14
謎解きはディナーのあとで①	14
神様のカルテ①	13
神様のカルテ②	13
君に届け③	13
悪ノ娘　黄のクロアテュール	12

「学校読書調査：5月1か月間に読んだ本」

書名	冊数
君に届け②	12
失恋ショコラティエ※	12
ディズニーそうじの神様が教えてくれたこと	12
謎解きはディナーのあとで③	12
不思議の国のアリス	11
中2	
カゲロウデイズ⑤	26
カゲロウデイズ②	24
カゲロウデイズ③	22
陽だまりの彼女	21
アナと雪の女王☆	20
カゲロウデイズ④	19
江戸川乱歩シリーズ※	18
恋空※	18
カゲロウデイズ①	17
リアル鬼ごっこ	15
白ゆき姫殺人事件	14
告白予行練習	12
図書館戦争	12
名のないシシャ	12
親指さがし	11
今日，恋をはじめます	10
キリン	10
謎解きはディナーのあとで②	10
あそこの席	9
駅彼-それでも，好き。	9
神様のカルテ②	9
千本桜②	9
通学風景※	9
謎解きはディナーのあとで③	9
ぼくらの七日間戦争	9
六兆年と一夜物語	9
中3	
図書館戦争	21
白ゆき姫殺人事件	18
カゲロウデイズ⑤	15
陽だまりの彼女	15
恋空※	14
王様ゲーム	13
カノジョは嘘を愛しすぎている	12
駅彼-それでも，好き。	11
カゲロウデイズ②	11
カゲロウデイズ①	10
神様のカルテ②	10
永遠の0	9
告白予行練習	9
蒼空	8
幼なじみ※	8
神様のカルテ③	8
図書館内乱	8
リアル鬼ごっこ	8
赤毛のアンシリーズ※	7
親指さがし	7
駅彼-もっと，きみを好きになる。	7
終物語※	7
神様のカルテ①	7
今日，恋をはじめます	7
涙恋	7
モニタールーム	7
流星の絆	7
高1	
カゲロウデイズ③	9
カゲロウデイズ⑤	9
永遠の0	9
植物図鑑	9
「弱くても勝てます」	8
カゲロウデイズ①	7
カゲロウデイズ②	7
図書館戦争	7
王様ゲーム	6
カゲロウデイズ④	6
神様のカルテ②	6
カラフル	6
神様のカルテ③	6
塩の街	5
少女	5
その時までサヨナラ	5
通学電車	5
×（バツ）ゲーム	5
あそこの席	4
海の底	4
親指さがし	4
終物語※	4
キリン	4
県庁おもてなし課	4
告白☆	4
13センチの片思い。※	4
白ゆき姫殺人事件	4
スイッチを押すとき	4
通学途中	4
名のないシシャ	4
リアル鬼ごっこ	4
高2	
永遠の0	7
図書館戦争	7
赤い糸※	6
悪の教典※	6
植物図鑑	6
新世界より※	6
幼なじみ②※	4
学年ビリのギャルが1年で偏差値を40上げて慶應大学に現役合格した話	4
カゲロウデイズ①	4
恋空※	4
三国志※	4
世界から猫が消えたなら	4
月の影の海	4
to You	4
デビクロくんの恋と魔法	4
西の魔女が死んだ	4
「弱くても勝てます」	4

高3	
永遠の0	9
終物語※	8
図書館戦争	7
学年ビリのギャルが1年で偏差値を40上げて慶應大学に現役合格した話	5
神去なあなあ日常	5
白ゆき姫殺人事件	5
燃えよ剣※	5
一瞬の風になれ①	4
江戸川乱歩シリーズ※	4
メモリーを消すまで※	4
1／4の奇跡	4
逢いたい…キミに。	3
天音	3
カゲロウデイズ①	3
こころ	3
告白☆	3
旅猫リポート	3
ツナグ	3
人間失格	3
初恋シグナル	3

出典：「5月1か月間に読んだ本」全国学校図書館協議会『学校図書館』No.769, 2014年11月号, pp 18-19

資料15 ヤングアダルト資料の選書方針・選書基準の例（付 子どもの本の選書方針・選書基準）(第8章関連)

(16) ヤングコーナー

ティーンズを主たる対象として刊行された教養，進路，音楽，スポーツなどに関する図書を中心に，全分野にわたってティーンズを対象とした資料を収集する。また，ティーンズ世代を児童から成人への成長過程ととらえ，児童図書や成人用図書についても収集を考慮する。

収集基準は以下の通りとする。
ア 主題図書は，各主題にわたり，ティーンズの関心の高い分野の図書を積極的に収集する。ティーンズの関心を深め，新しい興味の分野を切り開き，知性と感性を豊かにする資料の収集に努める。
イ 小説・エッセイはティーンズを主たる対象とした資料や，著者がティーンズである資料を中心に収集する。
ウ 雑誌などは，ティーンズに関心の高いものを備える。
エ マンガは定評のあるものや，特に優れた内容のものを厳選する。

(17) こどもの本コーナー

ア 乳幼児から小学生，中学生までを対象に，趣味，教養，娯楽，学習に必要な資料を提供する。すべての子どもが，適切な時期に，適切な本に出会い読書の楽しみを享受できるように幅広く収集する。
イ 各分野の評価の定まった資料は，網羅的に収集する。心身に障がいのある子どもが，利用することのできる資料も収集する。市販では手に入りにくい資料（さわる絵本，布の絵本，点訳絵本など）は，関連機関・団体などと連携調整して，製作の促進を図り収集する。
ウ 子どもの読書活動推進，学校図書館活性化事業などの，地域図書館のバックアップも視野に入れて，基本的な児童書やよく利用される調べ学習のテーマの本などは複数収集する。
エ 参考図書は，各分野にわたり，適切な資料を収集する。
オ 雑誌・新聞・紙芝居など必要なものを収集する。
カ 一般図書・絵本は，「子どもの本棚」委員会選定規準に準拠しながら，幅広く収集する。
ただし以下の資料については，収集しない。
(ｱ) バインダー式，厚紙などの形態の資料。ただし赤ちゃん絵本など，理由のある厚紙絵本で創作性が高いものは収集する。
(ｲ) ゲーム攻略本
(ｳ) 児童テレビキャラクター本
(ｴ) 映画，ディズニー，グッズ，テレビ放映，CMのキャラクターもの。
ただし児童書・絵本を原作とし，そこから派生した映像資料の関連図書は，限定して収集する。
(ｵ) お風呂絵本，音の出る絵本など，玩具的要素が強い資料
(ｶ) 教科書の副読本，学習用教材
キ 収集上の留意点
(ｱ) 古典・昔話の再話
できる限り原著及び原話の内容，表現などを適確に伝えるものを収集する。
(ｲ) 翻訳書
できる限り原著の内容，表現などを適確に伝えるものを収集する。
(ｳ) 伝記
著者の人間探求への姿勢がうかがえ，資料にもとつく考証が尽くされているものを収集する。
(ｴ) 絵本
子どもの知的・情緒的経験を広げ，情操を養うものを収集する。
(ｵ) 漫画
図書形態のもので，子どもの知的な創造力をのばし，情操を豊かにするものを収集する。
(ｶ) 趣味・実用書児童図書として出版されていない分野については，成人向け図書の中から子どもが読み取れるものを収集する。
(ｷ) 郷土資料
児童図書として出版されていない分野につい

ては，成人向け図書の中から子どもが読み取れるものを収集する．

(ク) 雑誌・新聞
　　子ども向けの一般教養雑誌，新聞は内容を吟味して収集する．

出典：大阪市立図書館『資料収集方針』平成25年4月，pp 7-9。http://www.oml.city.osaka.lg.jp/?action=common_download_main&upload_id=3035（'15.1.31現在参照可）

資料16　ビブリオバトルの公式ルール
（第9章関連）

【公式ルール】
1．発表参加者が読んで面白いと思った本を持って集まる
2．順番に一人5分間で本を紹介する
3．それぞれの発表の後に参加者全員でその発表に関するディスカッションを2〜3分行う
4．全ての発表が終了した後に「どの本が一番読みたくなったか？」を基準とした投票を参加者全員一票で行い，最多票を集めたものを『チャンプ本』とする

【ルールの補足】
1．各発表参加者が自分で読んで面白いと思った本を持ってきて集まる
　　a．他人が推薦したものでもかまわないが，必ず発表者自身が選ぶこと
　　b．それぞれの開催でテーマを設定することは問題ない
2．順番に一人5分でカウントダウンタイマーをまわしながら本を紹介する
　　a．5分が過ぎた時点でタイムアップとし発表を終了する
　　b．原則レジュメやプレゼン資料の配布等はせず，できるだけライブ感をもって発表する
　　c．発表者は必ず5分間を使い切る
3．紹介された本について2〜3分のディスカッションを行う
　　a．発表内容の揚げ足をとったり，批判をするようなことはせず，発表内容でわからなかった点の追加説明や，「どの本を一番読みたくなったか？」の判断を後でするための材料をきく
　　b．全参加者がその場が楽しい場となるように配慮する
4．全発表参加者に紹介された本の中で「どの本を一番読みたくなったか？」を基準に参加者全員で投票を行い最多票を集めたものを　チャンプ本　として決定する
　　a．紳士協定として，自分の紹介した本には投票せず，紹介者も他の発表者の本に投票する
　　b．チャンプ本は参加者全員の投票で民主的な投票で決定され，教員や司会者，審査員といった少数権力者により決定されてはならない

参加者は発表参加者，聴講参加者よりなる．全参加者という場合にはこれらすべてを指す．

【推奨事項】
・発表の様子は動画にとりUstreamやYoutubeにアップロードして，あとからでもみんなが見れるようにする．

出典：ビブリオバトル普及委員会「知的書評合戦ビブリオバトル公式サイト」http://www.bibliobattle.jp/koushiki-ruru（'15.1.31現在参照可）

資料17 公共図書館作成のビブリオバトルのチラシ（第9章関連）

出典：東京都立多摩図書館「ビブリオバトル」http://www.library.metro.tokyo.jp/Portals/0/reference/pdf/biblio.pdf（'15.1.31現在参照可）

索　引

Barrie free　47
bedtime story　8
book start　26-28
book trust　26
DAISY　49
DAISY ライブラリー　50
Digital Accessible Information SYtem　47
gang age　72
IFLA ヤングアダルトサービス 10 の基本原則（概要）　106
LL ブック　50
NIE（Newspaper In Education）　94
NPO ブックスタート　27
OECD 生徒の学習到達度調査　56,76
PISA　76
PISA 調査　56
POP （Point-of-purchase advertising）　59
POP づくりの効果　60
PTA 母親文庫　14
Premier League Reading Stars　60
Reading Star　60
share Book　26
Universal Design　47
YA　12
YA（ティーンズ）のための図書館ウェブサイト　100
YA コーナー　52,53
YA サービス　15,52,54,56,80
　　　──の課題　56
YA 資料　52
YA 専用のページ　55
YA 担当　53
YA のニーズ　53
YA 向けレファレンスサービス　80

|あ|

愛知県図書館　99
アウトリーチサービス　46
朝の読書　71
　　　──活動の推進　71
　　　──タイム　71
荒川区立図書館　54,100
石井桃子　14
一日図書館員　65
今井貫一　14
今澤慈海　14
絵本　24

エリクソン　18
大型絵本架　94
大きな文字の青い鳥文庫　50
大阪市立中央図書館　15
大阪府立中央図書館　99
おはなし　8,9
おはなし会　29,35,94,95
おはなしのへや　95
おはなしのろうそく　37
親と子の読書活動等に関する調査　70

|か|

外国語資料　50
科学読物　24
書きことば　7
学習マンガ　24
拡大文字資料　50
課題支援　54
学校司書　67
学校読書調査　10,70-72,74-76,98
　　　──：5月1か月間に読んだ本　114
学校図書館支援センター　66
学校との連携　79
活字離れ　72
かつら文庫　14
家庭地域文庫　68
家庭文庫　13
金沢市立平和町児童図書館　14
叶沢清介　14
紙芝居　24,95
　　　──舞台　96
紙芝居架　94
河村建夫　86
関係機関との連携　64
擬音語　7
危機管理　96
聞き手　32
擬態語　7
ギャングエイジ　72
教育に新聞を　94
協働型　66
寓話期　21
倉敷市立図書館　55
クローバー子供図書館　14
掲示板　81,82
傾斜机　94

公共図書館作成のビブリオバトルのチラシ　120
公共図書館と学校図書館の連携　66
公共図書館による学校との連携　67
公共図書館の児童サービス　14
高度情報通信ネットワーク社会　100
交流のための「場」づくり　54
ことば　7,9
子ども読書支援センター　68
子ども読書年　72,84
子ども読書の日　84
子ども図書館　14
子どもの読書活動に関する調査　71
子どもの読書活動の実態とその影響・効果に関する調査研究報告書　70
子どもの読書活動の推進に関する基本的な計画　15,84
子どもの読書活動の推進に関する法律　6,7,72,84,87,88,98,104
子どもの読書環境整備のためのチェック項目　90
子どもの貧困　101
こどもの本　23,24
子どもの本棚　24
子ども文庫　13
子守り話期　21

|さ|
埼玉県立久喜図書館　68
阪本一郎　19
さざ波効果　27
佐野友三郎　14
サピエ　49
さわる絵本　50
参加型プログラム　54
参考図書　24
詩　24
資源共有ネットワーク　65
思索期　22
自主的な読書　10
質問理解　78
児童　12
児童期　18
児童サービス　12
　　　──の場　16
　　　──の歴史　13
児童書の平均単価　10
児童資料　23
　　　──の種類と特性　24
児童図書館　14
　　　──の机と椅子　94
児童図書館員　33,34

児童図書館員養成専門講座　13
　　　──募集要項（抄）　106
児童図書館に求められるスペース　92
児童図書館の研究　14
児童に対するレファレンスサービス　78,79
児童向けの雑誌や新聞　24
児童向けの視聴覚メディアや電子書籍　24
児童・ヤングアダルト（YA）サービス　70,78
　　　──担当者　13
　　　──の意義　12
児童理解　78
市民の図書館　6,15
社会的排除　101,102
社会的包摂　101,102
ジャケ買い　75
就学・就業支援　56
什器　93
宿題支援　80,81
宿題のレファレンス質問　81
宿題や課題の成果発表　82
授乳室　96
手話つき絵本　50
手話で楽しむお話し会　48
障害者サービス　46,47
障害者差別解消法　92
情報ファイル　66
書架間隔　92
書架の選定　93
書架のレイアウト　92
職業体験　65
　　　──学習　55
初歩読書期　20
自立した読書　10
新装版 お話のリスト　37
新聞・雑誌架　94
ステージ　50
ストーリーテリング　8,35-37,95
　　　──の意義　36
　　　──の経緯　35
ストーリーテリング記録シート　38,111
ストーリーテリング準備シート　112
ストーリーテリング用「選書のための確認シート」　37,111
ストーリーの選択　36
素話　8
成熟した市民　56
成熟読書期　20
「青少年図書モデル展示」コーナー　56
青少年に対する図書館サービス　15
青年期　19

世界子どもの本アカデミー賞　54,56
全国農村読書調査　70,74,76
潜在的利用者の要求　70
そら読み　9

|た|
竹貫佳水　13
竹貫少年図書館　13
多文化サービス　46
地域文庫　13
中学・高校生のための声を出して楽しむYA読書会　56
中小都市における公共図書館の運営（中小レポート）　6,15
調布市立図書館　28
ツイッターによる情報発信サービス　56
土屋茂子　14
土屋児童文庫　14
つながり・役割・居場所　102
ティーンズコーナー　99,100
デジタル環境　98
デジタルネイティブ　99
手で読む絵本　50
テルミ　49
展開読書期　20
伝記　24
伝記期　21
点字資料　49
伝承文学　24
東京子供図書館　14
東京都立江東図書館　15
東京都立多摩図書館　56
東京都立日比谷図書館　15
投稿掲示板　54
童話期　21
読書　7
読書案内　82
読書運動　13
読書会　58
読書興味　21,22
　　──の発達段階　22
読書記録とインターネット　61
読書クラブ　58
読書傾向　73
　　──の男女差　73
読書行為　74
読書サークル　60
読書支援　53,76
　　──活動　56
読書週間　87

読書振興計画　88
　　──の評価　89,90
読書推進運動協議会　85
読書推進活動　60
読書調査　70
読書入門期　20
読書能力　19,22
　　──の発達段階　20
　　──を構成する能力因子　19
読書の実態　72
読書ノート　59
読書の量と質　74
読書離れ　74
読書マラソン　60
読書世論調査　70
特別支援教育　47
特別な支援を必要とする児童　80
図書館家具・備品　93
図書館サービスの出前段階　64
図書館評価のためのチェックリスト　90
図書館利用に障害のある児童の読書特性　49
図書館利用に障害のある人々　46
図書館利用の障害　46
図書のサイズ　93
図書ボランティア活動　68

|な|
ななめ（ナナメ）の関係性　53,83
悩み相談　82
日本子どもの本研究会　24
日本児童図書出版協会　24
乳幼児　8
　　──向けの絵本　8
乳幼児サービス　28
ぬいぐるみの図書館お泊まり会　29
布の絵本　50
ネオ・デジタルネイティブ　99
年報こどもの図書館 2007～2011　89
ノベライス作品　75

|は|
ハヴィガースト　18,19
パスファインダー　54,81
発達　18
発達課題　18
発達段階　18,21,22
話しことば　7
母と子の20分間読書　6,13
バーミンガム図書館　26
バリアフリー　47

バリアフリー資料　24,47,48
　　　――の概要　49
判型　93
半田雄二　15
ピアジェ　18
日野市立図書館　54
日野ヤングスタッフ・ドリームスクラム　54
ビブリオバトル　61,100,101
　　　――恐怖症　62
　　　――の公式ルール　119
平置き　93
昼休み全校一斉読書タイム　71
広島県立図書館　56
フェイスアウト　93
ブックスタート　26-28
ブックスタート・パック　27
ブックトーク　40
　　　――の計画　40
　　　――の実演　44
　　　――の準備　43
　　　――の立案　41
　　　――の練習　42
ブックトーク準備シート　42,113
ブックトラスト　26
不読者　72
　　　――の推移　74
フロイト　18
文学期　21
文庫活動　68
ポップ　59
ボランティアの導入　69

|ま|
松の実文庫　14
マルチメディアDAISY　47,50
水飲み場　96
道雄文庫ライブラリー　14
箕面・世界子どもの本アカデミー賞　54
耳からの読書　9
民話　8
昔話　8
昔話期　21

椋鳩十　6,13
村岡花子　14
メディアミックス作品　75
面展示　93
文字　7,9
文字・活字文化　86
　　　――の日　87
文字活字文化議員連盟　86
文字・活字文化振興法　6,86,105
物語　8
物語期　21

|や|
やさしく読める図書　50
山本有三　14
ヤングアダルトコーナー　15
ヤングアダルト（YA）サービス　15,52,54,56,80
　　　――の実施率　15
ヤングアダルト資料の選書方針・選書基準の例　118
ヤングアダルト図書総目録　52
湯浅吉郎　14
有三青少年文庫　14
ユニバーサルデザイン　47
幼児用トイレ　96
幼年期　18
幼年・児童文学　24
読み聞かせ　32-34,95
読み聞かせ記録シート　33,34,107
読み聞かせ準備シート　110
読み聞かせ用「実演前の確認シート」　110
読み聞かせ用「選書のための確認シート」　108
読み聞かせ練習評価シート　109
読み手　32
夜の図書館・怪談ツアー　54

|ら|
落書きノート　54,81,82
レファレンスサービス　78
レファレンス協同データサービス　79
レフェラルサービス　82
録音資料　49

<監　修>
　二村　　　健（にむら・けん）　明星大学教育学部教授

<編著者>
　望月　道浩（もちづき・みちひろ）
　　第13章・第14章・第15章
　　明星大学大学院人文学研究科教育学専攻修士課程修了〔修士（教育学）〕，筑波大学大学院（旧・図書館情報大学大学院）図書館情報メディア研究科博士後期課程単位取得退学。埼玉純真女子短期大学こども学科専任講師，琉球大学教育学部講師を経て，現在，同学部准教授。
　　主な著作：『情報化社会の生涯学習』（共著・学文社，2005年），『読書と豊かな人間性』（共著・学文社，2007年），『読書と豊かな人間性』（共著・全国学校図書館協議会，2011年）など。

　平井　歩実（ひらい・あゆみ）
　　第1章・第2章・第9章3節・第11章1節・第12章1節
　　図書館情報大学大学院修了，国際ターミノロジー情報センター，福岡県立大学助手などを経て，現在，明星大学教育学部教授。
　　主な著書：『情報メディアの活用』（共著，学文社，2006年），「シリーズ学校図書館学」編集委員会編『学校図書館メディアの構成〈シリーズ学校図書館学2巻〉』（全国学校図書館協議会，2010年）など。

<著　者>
　野口　武悟（のぐち・たけのり）第3章・第7章
　　専修大学文学部教授
　齋藤　晴恵（さいとう・はるえ）第4章・第5章・第6章・第9章1・2節
　　明星大学非常勤講師
　清野　愛子（きよの・あいこ）第8章・第11章3節・第12章3節
　　相模原市立相模大野図書館司書
　長谷川優子（はせがわ・ゆうこ）第10章
　　埼玉県立久喜図書館司書
　竹村　和子（たけむら・かずこ）第11章2節・第12章2節
　　公益財団法人全国学校図書館協議会常務理事

（※執筆順，所属は2015年2月現在）

［ベーシック司書講座・図書館の基礎と展望 7］
児童サービス論

2015年3月20日　第1版第1刷発行

　　　　　　　　　　　　　　　　　監　修　二村　　健
　　　　　　　　　　　　　　　　　編著者　望月　道浩
　　　　　　　　　　　　　　　　　　　　　平井　歩実

発行者　田中　千津子　　〒153-0064　東京都目黒区下目黒3-6-1
　　　　　　　　　　　　電話　03（3715）1501㈹
発行所　株式会社　学文社　FAX　03（3715）2012
　　　　　　　　　　　　http://www.gakubunsha.com

©Michihiro Mochizuki／Ayumi Hirai 2015

　　　　　　　　　　　　　　　　　　　　　印刷　新製版

乱丁・落丁の場合は本社でお取替えします。
定価は売上カード，カバーに表示。

ISBN978-4-7620-2197-8